DUMONTS KLEINES LEXIKON

FINGERFOOD

Zutaten · Rezepte · Tipps & Tricks

Yara Hackstein & Team

DÖRFLER · VERLAG

Alle in diesem Buch enthaltenen Angaben, Vorschläge, Rezepte etc. wurden von den Autoren nach bestem Wissen erstellt und von ihnen und dem Verlag mit größtmöglicher Sorgfalt überprüft. Gleichwohl sind inhaltliche Fehler nicht vollständig auszuschließen. Daher erfolgen die Angaben etc. ohne jegliche Verpflichtung oder Garantie des Verlags oder der Autoren. Eine Haftung der Autoren und des Verlags für Personen-, Sach- und Vermögensschäden ist ausgeschlossen.

© Rebo International b.v., NL-Lisse
© der deutschsprachigen Ausgabe:
DÖRFLER VERLAG GmbH, Eggolsheim

Konzeption und Realisation: Medien Kommunikation, Unna

Im Internet finden Sie unser Verlagsprogramm unter:
www.doerfler-verlag.de

Inhalt

Vorwort

Kulinarischer Supertrend

Fingerfood ist in aller Munde: Selten hat sich eine Kochrichtung so zum globalen Trend entwickelt wie die kleinen Häppchen aus der Hand. Ob auf privaten Partys oder auf offiziellen Empfängen, ob im kleinen Kreis oder in großer Runde, ob für enge Freunde oder geschätzte Kollegen – die kleinen Köstlichkeiten erfreuen sich rund um den Globus großer Beliebtheit.

Die Gründe dafür sind vielschichtig. Sie liegen vor allem in uns selbst und in unserer Geschichte begründet, wie das einleitende Kapitel aufzeigt. Und: Fingerfood ist eigentlich nur eine moderne Bezeichnung für Koch- und Genusstraditionen, die sich seit Jahrhunderten quer durch alle Küchen entwickelt haben. Den wichtigsten regionalen Wurzeln widmet sich deshalb ein eigener Abschnitt.

Dass uns die kleinen Köstlichkeiten so ansprechen, liegt vor allem an ihrer liebevollen Präsentation. Das Dekorieren und Anrichten hebt die Häppchen aus dem Alltag heraus und lässt sie zu einem besonderen Genuss werden. Worauf es dabei besonders ankommt zeigen die wichtigsten Tipps und Anregungen zum Dekorieren und Anrichten auf.

Dabei ist Fingerfood nicht nur etwas für die feine, aufwändige Küche: Viele Rezepte lassen sich schnell und einfach umsetzen. Andere hingegen erfordern mehr Zeit und Engagement. Und: Viele Fingerfood-Köstlichkeiten lassen sich sehr gut auch bei kleinem Geldbeutel zubereiten – für andere hingegen muss man etwas tiefer in die Tasche greifen. Das Spektrum der Rezepte in diesem Buch ist sehr breit: Es reicht von Dips und Saucen über Gemüse und Rohkost bis hin zu Fisch und Fleisch. Natürlich kommt auch Süßes nicht zu kurz.

Zu allen Rezepten gibt es einen kleinen Info-Kasten, der einen raschen Überblick über Schwierigkeitsgrad, Preisniveau und Zubereitungsdauer ermöglicht. Die kleinen Symbole haben folgende Bedeutungen:

- STERNE: Die Anzahl der Sterne verweist auf den Aufwand beim Kochen oder Zubereiten: von 1 Stern für „einfach" bis zu 3 Sternen bei aufwändigen Rezepten.
- TALER: Wie preiswert ist das Gericht? Das Spektrum reicht von 1 Taler für „sehr preiswert" bis zu 3 Talern bei teureren Zutaten.
- UHREN: Eine oder zwei weiße Uhren weisen auf den Zeitaufwand hin: gering oder etwas höher. Eine blaue Uhr zeigt an, dass das Gericht gut vorbereitet werden kann.

Aber ganz gleich, wie viel Aufwand die Rezepte erfordern: Jeder Geschmack kann beim Fingerfood auf seine Kosten kommen – und darauf kommt es ja schließlich an.

In diesem Sinne: Gutes Gelingen und guten Appetit!

Kleine Köstlichkeiten

Genüsse begreifen

Ess-Erfahrung für alle Sinne

Es ist ein kleines Highlight auf jedem Fest: Das Büffet, vor allem die liebevoll angerichtete Fingerfood-Auswahl. Man bekommt schon Appetit beim Hinschauen: Hier warten feine Köstlichkeiten, die sich in einer Sinfonie aus Formen und Farben präsentieren.

Inmitten stilvoll verzierter Dekoration erfasst das Auge zauberhafte Pasteten, überbackene Kartoffelecken und frische Gemüsesticks. Daneben ziehen exquisite Fleischspießchen und kunstvolle Bratenröllchen die Aufmerksamkeit auf sich. Canapés mit geräuchertem Lachs und Tramezzini mit exquisiter Füllung bereichern die Tafel genauso wie goldgelbe Käsetaler oder kleine Käsepralinen. Und auf den süßen Zahn warten schokoladenüberzogene Obstspieße, süßes Sushi und verführerische Windbeutel. Kurzum: Die Welt

des Fingerfoods präsentiert sich dem Genießer mit schier unendlich vielfältigen Gaumenfreuden.

So sehr allein schon der Anblick dieser kulinarischen Pracht das Wasser im Mund zusammenlaufen lässt: Gesteigert wird die Vorfreude noch durch den appetitanregenden Duft, den das Büffet verströmt. Feine Aromen von frischen Kräutern und exotischen Gewürzen steigen hier genauso in die Nase wie der milde Duft von aromatischem Käse oder exotischen Früchten.

Bis hierher unterscheidet sich ein Fingerfood-Büffet nicht wesentlich von einem schön hergerichteten Standard-Büffet. Aber dann kommt der entscheidende Moment, der den großen Unterschied ausmacht: Wir können die atemberaubende Vielfalt nämlich nicht nur sehen und riechen, sondern regelrecht begreifen.

Wir dürfen, ja sollen die kleinen, feinen Kreationen mit unseren Fingern in die Hand nehmen, ihre Konsistenz und die Beschaffenheit erfühlen. Kross oder weich, rauh oder glatt, fein oder grob, stabil oder instabil – all das nehmen wir beim vorsichtigen Zufassen über die Fingerspitzen wahr. Unser Tastsinn verstärkt so die Vorfreude und eröffnet uns – neben Sehen und Riechen – eine weitere Sinnesdimension.

Zur lustvollen Frage „Wie wird das wohl schmecken?" gesellt sich unbewusst die Frage „Wie fühlt sich das wohl an?" Das allein schon verleiht dem Fingerfood einen zusätzlichen Kick: Das Zugreifen vor allem bei unbekannteren Gerichten verbindet sich mit einem Überraschungsmoment und wird so zu einem kleinen, sinnlichen Abenteuer.

Jedoch der entscheidenste aller Sinneseindrücke steht uns erst noch bevor: das Geschmackserlebnis. Und genau hier läuft Fingerfood zu absoluter Höchstform auf. Denn es gibt wohl kaum eine andere kulinarische Welt, die sich so vielfältig und abwechslungsreich präsentieren kann. Das Spektrum spiegelt alle nur denkbaren Genüsse, Zutaten und Kochtraditionen: Ob roh und frisch, gebraten oder gebacken, süß oder herzhaft, mild oder scharf, exotisch oder bodenständig, einfach oder raffiniert, oder, oder, oder: Fingerfood ist nicht nur eine Welt für sich, sondern gleich ein ganzer Kosmos.

Die Psychologie des Fingerfoods

Wenn man den kleinen Siegeszug, den das Fingerfood in den letzten Jahren vor allem auch auf Partys und Empfängen gefeiert hat, erklären möchte, steht eines ganz vorn: Das Essen mit den Händen macht einfach Spaß!

Und dieser Spaß kommt nicht von ungefähr – er liegt in unseren Empfindungen, Entwicklungen und Erfahrungen begründet. Beim Zugreifen mit den Fingern kommen gleich mehrere, subtile psychologische Faktoren zum Tragen.

Archaische Grundmuster

Das Essen mit den Fingern entspricht uralten Ernährungsgewohnheiten: Seit Beginn der Menschheit wurde mit den Fingern gegessen – dies ist tief in uns verankert.

Zugleich diente und dient das Anfassen der Nahrung auch zum Bestimmen und Einschätzen ihrer Genießbarkeit – gut nachzuvollziehen bei Obst: Ist es überreif, verliert es seine Festigkeit und fühlt sich entsprechend weich an.

Die Beurteilung von Lebensmitteln über den Tastsinn erlernen wir von Kindesbeinen an. Kleinkinder nehmen überaus gern ihr Essen in die Hand – nicht nur aus einem spielerischen Trieb heraus, sondern vor allem, um die Nah-

rungsmittel auch über den Tastsinn kennenzulernen.

Ein Reiz des Fingerfoods liegt
also in der Rückbesinnung auf
unseren natürlichen Ursprung.
Die Hände sind und waren das
wichtigste menschliche Werkzeug.
Sie helfen uns bei der täglichen
Arbeit, erlauben uns Rückschlüsse
auf unsere Umwelt und verfügen
damit auch über das richtige Ge-
spür bei der Auswahl der Speisen.
Im Alltag ist Besteck sicherlich
hilfreich, aber es nimmt dem Essen
ein Stück dieser Sinnlichkeit. Diese holen sich viele Menschen sicherlich dadurch zurück, dass sie zum Brot als
Begleiter zum warmen Essen mit den Händen greifen.

Natürlich essen und genießen

Im unmittelbaren Zusammenhang mit diesem archaischen
Grundmuster steht ein weiterer Aspekt: Die Natürlichkeit,
die mit dem Essen mit den Händen verbunden ist. So sehr
der richtige Umgang mit Besteck ein Zeichen für die Kulti-
viertheit ist, so sehr ist auch das Essen mit den Fingern Beleg
für einen ganz natürlichen Umgang mit dem Essen. Und in
dieser bewussten Abkehr vom anerzogenen Normverhal-
ten, sich „bei Tisch richtig benehmen" zu müssen, liegt
sicherlich auch ein gehöriges Maß an Spaß begründet. Und

dies gilt auch abseits von Fingerfood-Partys: So ist es ein
ganz besonderes Vergnügen, in schöner Landschaft zu pick-
nicken – eben weil es Natur, natürliche Ernährung und
natürliches Essverhalten so herausragend miteinander verbindet.

Gemeinsamkeit und Vertrauen

Das gegenseitige Verwöhnen mit süßen Erdbeeren zählt zu
einem der verführerischsten Liebesbildern überhaupt. In
diesem kleinen Spiel frisch Verliebter drücken sich Gemein-
samkeit und Vertrauen aus. Dass diese Erfahrung als so
sinnlich wahrgenommen wird, hat sicherlich seinen tiefen

Ursprung auch darin, dass das Annehmen von mit den Händen gereichten Speisen auch ein Höchstmaß an Vertrauen voraussetzt. Auch dieses Verhalten wirft uns letzlich auf Urerfahrungen zurück, nämlich auf das Vertrauensverhältnis, das sich von Geburt an zwischen Eltern und Kindern entwickelt.

Die Lust an Besonderem

Das besonders liebevolle und oft kreative Anrichten von Fingerfood lässt uns selbst alltägliche Nahrungsmittel in einem neuen, ungewohnten Licht erscheinen. So ist ein belegtes Brot an sich sicherlich nichts Besonderes. Ein Canapé hingegen scheint etwas ganz anderes zu sein, obwohl es letzlich aus denselben Zutaten besteht.

Die Art der Präsentation, die kleine handliche Form, die es „niedlich" erscheinen lässt, sowie die oft liebevolle Dekoration heben es aus dem Alltag heraus und verleihen dem belegten Brot eine kulinarische und gewissermaßen auch ästhetische Dimension, die man sonst kaum wahrnimmt. Und das gilt nicht nur für Canapés und Co., sondern für eine Vielzahl von Nahrungsmitteln wie z. B. auch Obst und Gemüse, die auf Spießen oder als Sticks das Fingerfood-Büffet bereichern.

Die Geschichte des Fingerfoods

Adam und Eva beißen in den Apfel

Die Geschichte des Fingerfoods ist zugleich die Geschichte der Esskultur: Bereits das älteste biblische Bild der Menschheitsgeschichte erzählt von den verlockenden Früchten im Garten Eden – und damit von Fingerfood in seiner Urform: Eva reicht Adam den Apfel.

Ursprünge in der Steinzeit

Die ersten Menschen ernährten sich – wie Adam und Eva – direkt von der Hand in den Mund. Für die Aufnahme von Wasser benutzte man zunächst die hohle, schöpfende Hand. Allerdings: Bereits in der Steinzeit benutzten die Männer zum Zerlegen ihrer Beute Keile aus Stein. Diese wurden dann im Verlauf der Jahrtausende immer weiter bis hin zum Messer mit Metallklinge verfeinert.

Unsere Vorfahren erfanden auch die Gabel: Man verwendete Astgabeln zum Braten der Jagdbeute über offenem Feuer. Schließ-

lich schuf man nach der Form der Hände Schöpflöffel aus Holz oder Horn. Messer, Gabeln und Löffel zählen also zu den ältesten menschlichen Werkzeugen. Sie wurden zunächst allerdings nur zur Vorbereitung der Speisen und nicht zum Essen selbst benutzt.

Die ersten Essbestecke

Das änderte sich erst in der Antike, also zwischen 1200 v. Chr. und etwa 600 n. Chr. Damals erfand man als erste richtige Esshilfe einen Holzlöffel. Dieser wurde nicht nur aus einem Stück gefertigt: Man setzte auch anderes Material zum Schöpfen ein wie beispielsweise Muscheln.

Im alten Rom kannte man zwei Arten von Löffeln: Ligula hieß der große Löffel, mit dem die einfachen Leute ihren Brei aßen. Mit der Cochlea, einem kleineren Löffel mit nadelförmigem Stiel, konnte man nicht nur löffeln, sondern auch Muscheln und Schnecken aufspießen – also ein echtes Multifunktionsgerät.

In der ägyptischen, griechischen und römischen Antike waren vereinzelt kleine zwei- oder dreizackige Essgäbelchen bekannt. Doch nur wer es sich leisten konnte, also nur ein kleiner Teil der damaligen Gesellschaft, machte davon Gebrauch.

Trotzdem aßen auch die wohlhabenden Bürger weiterhin hauptsächlich mit den Fingern. Dabei etablierte sich als Form des gemeinschaftlichen Speisens das Essen im Liegen.

Während es sich die Griechen – ausschließlich die Männer – auf ihren Speisesofas bequem machten, streckten sich die Römer zum Essen in Dreiergruppen auf den sogenannten Klinen aus. Auf einer leichten, gepolsterten Erhöhung dieser Dreierliegen stützte man sich mit dem linken Arm ab, um mit der rechten Hand zugreifen zu können. Um das perfekte Speiseritual zu garantieren, portionierten die Sklaven damals die Speisen in mundgerechte Häppchen.

Die Gabel – ein Teufelswerk

Mit dem Untergang des Römischen Reichs gerieten die Bestecke allerdings zunächst wieder in Vergessenheit. Im Mittelalter dachte so gut wie niemand daran, sich beim Essen feiner Esswerkzeuge zu bedienen. Selbst im wohlhabenden Hoch- und Spätmittelalter, als man sich schon größerer Festgelage erfreute, existierte keine feine Tischkultur.

Sogar Martin Luther, der vielen ein Vorbild war, soll sich skeptisch gegenüber den selten verwendeten Gabeln geäußert haben: „Gott behüte mich vor Gäbelchen" wird er zitiert. Die Katholiken erinnerte die Gabel an den Dreizack des Teufels und sie betrachteten sie als Teufels- und Hexenwerkzeug. Gott habe die Finger geschaffen, und nicht die Gabeln, um seine guten

Gaben zu berühren, postulierte die Kirche und drohte bei Zuwiderhandeln sogar mit Gottes Strafe. Diese Haltung führte zu einer hartnäckigen Abneigung gegenüber gesittetem Essen, die sich jedoch nicht nur durch das Mittelalter, sondern sogar noch bis ins 17. Jahrhundert hielt. Zu dieser Zeit bezeichnete man den Umgang mit der Gabel als „unerhörte Affektiertheit".

Und selbst der feine Sonnenkönig, offen für allerlei neue Sitten und Bräuche, soll laut Chronist anfänglich „mit den Pfoten ins Ragout" gefasst haben. Nur um sich beim Essen nicht die edlen, weißen Handschuhe zu beschmutzen, griff er später dann doch noch zur Gabel.

Im Gegensatz zur Gabel war allerdings der Löffel zu dieser Zeit bereits in aller Munde. In Nordeuropa entwickelte sich im 15. Jh. sogar ein Berufszweig namens Löffelmacher, der sich vor allem in Regionen der Eisenhüttenwerke etablierte. Ein Löffelmacher produzierte am Tag dreißig bis vierzig, häufig auch kunsthandwerkliche Löffel. Aus einem Stück gegossen, brachte er den Löffel mit der Feile in seine endgültige Form. Es entstanden Kreationen mit wertvollen Verzierungen, die als Familienstücke weitervererbt wurden. Noch heute gibt es in manchen europäischen Ländern die Tradition, einem Patenkind den ersten Löffel zu schenken. Für den Verzehr von schwefelhaltigen Speisen wie Eiern oder Kaviar wurden schon damals Löffel aus Horn oder Perlmutt hergestellt.

Der Erfolg des Bestecks

Seinen furiosen Durchbruch feierte das Essbesteck dann doch noch: Im späten 17. und vor allem im 18. Jahrhundert entstand eine wahre Esskultur, die von da an die kunstvollsten und prunkreichsten Bestecke hervorbrachte.

Zu dieser Zeit waren es vor allem die italienischen und französischen Damen, die die sogenannten Konfekt- und Obstgäbelchen benutzten. Diese waren aus kostbaren Materialien wie Silber, Gold oder Elfenbein gefertigt und mit Perlen oder Edelsteinen besetzt.

Tischmanieren kamen in Mode, deren richtige und nachlässige Ausführung für so manchen beruflichen Aufstieg und auch gesellschaftlichen Fall sorgte. Hatte man bisher meist von einem Teller in der Mitte des Tisches gegessen, etablierte sich von nun an der individuelle Essteller. Zeitgleich dazu setzte sich das Speisen mit Messer und Gabel durch.

In der bürgerlichen Gesellschaft des 19. Jahrhunderts verfeinerten sich die Tischsitten. In dieser Zeit entstanden Konventionen, die bis heute Gültigkeit besitzen. Für ein mehrgängiges Menü werden seitdem die Bestecke neben dem Teller angerichtet und zwar in der Reihenfolge, in der man sie benutzen wird.

Nur eines bleibt vom Essen mit Besteck ausgenommen: das Brot. Es darf auf beiliegendem Tellerchen gebrochen und mit den bloßen Fingern gegessen werden. So konnte es in Form von Schnittchen, Canapé, Sandwich und Panino sogar zum Global-Player der späteren Fest- und Empfangs-Kultur avancieren.

Durch die Industrialisierung wurde es möglich, Essbestecke aus preiswertem Metall herzustellen. Damit gerieten Messer und Gabel zu Massenprodukten, die von nun an für jedermann erschwinglich waren. Seitdem gilt für alle: Mit Messer und Gabel richtig umzugehen ist ein Zeichen von Kultur und Bildung. Und daran hat sich bis in die 1960er-Jahre nichts Wesentliches verändert.

Der Siegeszug des Fingerfoods

In den 1970er-Jahren aber veränderten sich die Essgewohnheiten. Wichtigster Auslöser dafür war die Vermischung
von Kulturen. Nordeuropäer lernten auf Auslandsreisen
vor allem südeuropäische Essgewohnheiten kennen – und
umgekehrt vor allem südeuropäische Gastarbeiter die Ess-
sitten ihrer neuen Arbeitskollegen. Allerorts öffneten immer
mehr ausländische Restaurants ihre Pforten.

Italienische Pizza, holländische Pommes frites, jugo-
slawisches Schaschlik, griechische Gyrostaschen, deutsche
Bratwürstchen und amerikanische Burger belebten von nun
an die Imbisskultur. Und auf privaten Partys griff man zu
Russisch Ei oder französischen Canapés.

Gesund und schnell

Zugleich beeinflussten zwei Mega-Trends der 1970er-Jahre die Ernährungskultur und begünstigten den Trend zum Fingerfood: Sich gesünder, aber auch schneller zu ernähren.

Der aufkeimende Wohlstand nach dem Zweiten Weltkrieg brachte zunächst eine regelrechte „Fresswelle" mit sich. Doch schnell kehrte sich der Trend um hin zu mehr Körperbewusstsein und einer gesunden Ernährung. Dabei bietet gerade Fingerfood eine hervorragende Möglichkeit, kleinere Mengen gesunder Köstlichkeiten in größerer Vielfalt auf den Teller zu bringen.

Zum anderen verlangen immer straffere und hektische Tagesabläufe schnelle Mahlzeiten. Eine Portion Pommes frites, ein Hot Dog oder ein Stück Pizza auf die Hand kommen den Anforderungen an eine schnelle Nahrungsaufnahme in einer hektischen Welt perfekt entgegen.

So zeigt Fingerfood heute zwei Gesichter: Auf der einen Seite das einer gesunden und genussvollen Ernährung, auf der anderen Seite das von hektischem Fastfood.

Doch gleich welche Seite der Medaille man betrachtet: Die wachsende Beliebtheit der Snacks hat bis heute Messer und

Gabel wieder mehr in den Hintergrund gerückt. Und wenn man bedenkt, dass nur zehn Prozent der Menschen weltweit mit Messer und Gabel essen, sich der Großteil der Menschheit also noch immer mit den Fingern ernährt und zudem ein Sechstel zu Stäbchen greift, erscheint der Trend zu Fingerfood im Zuge der Globalisierung nur nachvollziehbar.

Selbst in Kreisen, in denen feine Tischsitten als das A und O kulturellen Ausdrucks gelten, verzichtet man

immer häufiger auf das Essbesteck: Als kulinarisches Allroundtalent machen Häppchen und „Abbeißer" das Rennen auf Festen und Empfängen und versprechen gerade heute Freiheit und direktes Vergnügen von der Hand in den Mund. Denn das Essen mit den Fingern verbindet sich eben auch immer häufiger mit dem Bedürfnis nach Natürlichkeit, Ungezwungenheit und Unmittelbarkeit.

Schließlich ist es vielleicht die Suche nach Orientierung in der Unübersichtlichkeit des großen Angebots, die das Einfache attraktiv macht. Fingerfood: Das bedeutet „Back to the roots", das heißt, zurück in die Kindheit, und vielleicht sogar in die Kindheit der Menschheit.

Ländertraditionen

Back to the roots

Internationale Traditionen

In den letzten Jahrzehnten ist die Auswahl an Waren und Rezepten für Fingerfood förmlich explodiert. Ein wesentlicher Grund dafür dürfte sicherlich auch sein, dass diese Form des Genusses ein unmittelbar erlebbares Vergnügen darstellt, nämlich ganz einfach mit der Hand zu essen. Das entspricht dem Bedürfnis vieler Menschen nach mehr Natürlichkeit, Ungezwungenheit und Unmittelbarkeit.

Diese Sehnsucht erklärt sicherlich auch, warum sich dieser Trend auch als Tradition in allen nationalen und regionalen Küchen über Jahrhunderte erhalten hat und weiterhin intensiv gepflegt wird.

Die folgenden Seiten stellen die bedeutendsten Küchen und ihre spezifischen Fingerfood-Traditionen näher vor.

Frankreich

Fingerfood gehört zu Frankreich wie der Eiffelturm zu Paris. Denn ob als kleine Köstlichkeit zwischendurch, als Happen zum Aperitif oder als unverzichtbarer Gang in einem Menü: Zur Vielseitigkeit der französischen Küche zählt auch ein breites Angebot an „Amuse-gueules", wie die Franzosen ihre Appetithäppchen bezeichnen. Frei übersetzt heißt dies so viel wie „eine Freude für den Gaumen".

Die Crêpe

Das wohl bekannteste Fingerfood ist die französische Crêpe. Darunter versteht man einen hauchdünnen, runden Eierpfannkuchen. In der Regel wird eine Crêpe heiß, gefüllt und zu einem Dreieck zusammenge-klappt mit der Hand verzehrt.

Die Zahl der Zubereitungsvari-anten kennt dabei kaum Grenzen: Je nach Geschmack und Tageszeit ge-nießt man die Crêpes eher herzhaft mit Salz, Käse oder Schinken oder süßt sie mit Ahornsirup, Haselnuss-creme oder Konfitüre. Berühmt sind auch die Crêpes Suzettes mit einer Orangen-Cointreau-Sauce, die flam-biert serviert werden.

Die feinen Pfannkuchen kamen übrigens in der traditionellen Küche ursprünglich gerollt auf den Teller – und auch heute serviert man sie vielerorts noch in dieser Form. Inzwischen sind sie zu einem der gängigsten „Sattmacher" für zwischendurch avanciert.

Zu Höchstform läuft französisches Fingerfood bei jedem echten Aperitif auf. Denn dieser umfasst in Frankreich nicht nur ein zumeist alkoholisches Getränk, sondern eben auch die berühmten Amuse-gueules. Sie dürfen im Land der Gourmets bei keinem Menü fehlen. Die kleinen Leckerbissen regen den Appetit an und stimmen sowohl den Gastgeber als auch die Gäste auf die bevorstehenden Gaumengenüsse ein.

Das Canapé

Das französische Canapé ist wohl das vielseitigste Amuse-gueule. Darunter versteht man eine besonders fein belegte und äußerst liebevoll angerichtete Scheibe Baguette. Längst ist deshalb die Bezeichnung Canapé international Inbegriff für kunstvoll arrangierte Weißbrot-Häppchen. Je nach Region fallen dabei die Rezepte selbst in Frankreich sehr unterschiedlich aus. Ob mit Fleisch oder Fisch, Ge-

müse oder Aufstrich: Die Liste der Canapé-Rezepte und -Variationen ist nahezu unendlich und wächst täglich.

Quiche & Tarte

Zu den Klassikern der französischen Küche zählen auch herzhafte Teigspezialitäten wie elsässischer Flammkuchen, Quiche lorraine oder Tarte au thon. Dies ist eine Thunfischpastete mit Tomaten, Zwiebeln und Senf.

Die Quiche lorraine, eine aus Lothringen stammende Mürbeteig-Spezialität, bäckt man mit Schinken, Käse und Speck. Und der Flammkuchen ist ein hauchdünner, zumeist mit Zwiebeln und Sauerrahm belegter Teig. Wenngleich man diese Spezialitäten normalerweise in größeren Formen zubereitet: Als Minivarianten für den Aperitif oder eine gute Party kommen sie immer gut an.

Feines & Frisches vom Markt

Frische Zutaten für die feine Küche auf einem französischen Markt zu suchen, ist ein Vergnügen für sich – vor allem, wenn man sich an einem der vielen Stände zu einem kleinen Gaumengenuss auf die Hand verführen lässt. Feinschmecker schätzen es so beispielsweise an Fischständen ein paar Austern zu schlürfen – am besten stilecht zu einem Gläschen Champagner.

Wer es süßer mag, ist bei den Baignets bestens aufgehoben. Diese kleinen, mit Zucker überzogenen Teigbällchen bieten Bäcker in allen denkbaren Varianten an wie mit Aprikosen-, Kirsch- oder Schokofüllung. Natürlich wird man auch bei Fleisch- oder anderen Spezialitätenhändlern auf der Suche nach kleinen Gaumenfreuden fündig. Und diese sind meist so köstlich, dass man sich auch beim Fingerfood wie Gott in Frankreich fühlen kann.

Italien

Denkt man an die italienische Küche, hat man sofort sonnengereifte Tomaten, aromatisches Basilikum oder goldgelbes Olivenöl vor Augen. Einfache, aber beste Zutaten gehören auch zu den Geheimnissen beliebter und wirklich vielseitiger, italienischer Fingerfood-Kreationen.

Pizza und Bruschetta

Dabei zählt der kulinarische Exportschlager Pizza – ohne dass es sich bis in alle Winkel der Welt herumgesprochen hat – zu den Fingerfood-Klassikern Nummer Eins. Denn ganz gleich, ob in der Pizzeria oder Zuhause: Flink und geschickt zerteilen die Italiener das Heferad mit dem Messer in Achtel, die jeweils mit der Hand aufgerollt und – Stück für Stück – verspeist werden.

Bruschetta, Crostino, Focaccia und Co. stehen ebenfalls für Kochtraditionen, die sich nach wie vor großer Beliebtheit erfreuen. Diese Brotvariationen – belegt mit verschiedensten Köstlichkeiten – finden sich nicht mehr nur in den Bars und Paninotecas Italiens, sondern auch auf den Büffets von Festen und Feiern. Für Bruschette und Crostini dienen geröstete Weißbrotscheiben als Basis, die mit Olivenöl und Knoblauch bestrichen oder mit Herzhaftem belegt werden. Foccacia ist ein Fladenbrot und tritt, gebacken mit Salz und

Öl, meist solo auf. Die Tramezzini setzen sich als klassische italienische – meist in Dreiecke geteilte – Sandwiches in Szene. Darin sind ebenfalls feinste Cremes und Pasten Trumpf.

Eine klassische, aber nach wie vor absolut trendige italienische Fingerfood-Variante, bietet das sogenannte Pinzimonio. Das sind verschiedenste Rohkoststreifen aus Möhre, Gurke, Paprika, Stangensellerie oder Fenchel, die man mit einer frischen, selbst gemachten Majonäse aus Olivenöl und Zitrone serviert. Das Gemüse wird nur eingetunkt und geknabbert.

Leckere, kleine Bar-Zugaben

In den Bars der italienischen Metropolen, modernen Kleinstädten und Strandregionen hat sich in den letzten Jahren eine regelrechte Aperitivo-Kultur etabliert. Nach der Arbeit geht es auf ein Schwätzchen in die Bar. Doch dabei dreht es sich schon lange nicht mehr nur um den appetitanregenden Aperitif.

Vielmehr interessieren hier nun auch die zum alkoholfreien Bitter wie „Crodino" oder zum „Sprizz" – einem Drink aus Aperol, Sekt und Soda – servierten Fingerfood-Leckereien. Je nach Bar und Landstrich ist das Angebot höchst unterschiedlich und reicht von Mini-Panini über Reisbällchen bis hin zu kleinen Frittata-Stücken, also belegten Omeletts.

Deutschland

Seit jeher stehen sie an der Theke ihrer Stammkneipe, ein kühles Bier in der einen, eine würzige Frikadelle in der anderen Hand: Deutsche Feierabend-Genießer in ihrem Element. Deshalb ist, was so modern klingt wie Fingerfood, auch in Deutschland eigentlich ein „alter Hut".

Denn unter den klassischen Köstlichkeiten, die von der Hand in den Mund gegessen werden, fallen besonders die typischen Imbiss-Varianten einer über tausend Jahre alten deutschen Biertradition ins Auge. Dabei haben zunächst verschiedene – zum Teil regional entstandene – Wurst- und Fleischprodukte wie Bockwurst, Mettwurst oder Frikadelle Einzug in kulinarische Traditionen gehalten.

Der Klassiker: Die Bratwurst

Die gegrillte Rostbratwurst mit Brötchen ist der warme Snack schlechthin. Ob an Imbissbuden, in Fußballstadien oder auf Volksfesten: Die Bratwurst zählt zu den absoluten Lieblingsessen der Deutschen. Je nach Gusto liebt man sie mit Senf, „rot-weiß" – also mit Majonäse und Ketchup – oder kleingeschnitten mit Tomaten-Curry-Sauce.

Unter den warmen Fingerfood-Varianten gilt wohl die Brühwurst als die heimliche Königin deutscher Eckkneipen. Sie wird auch Bockwurst genannt, da sie schon von ihrem Erfinder zum Bockbier verkauft wurde. Würzig, aus Speck und Schweinefleisch gebrüht, knackt diese Wurst bei jedem Bissen. Dem gegenüber genießt man deftige Mettwürstchen – in Westfalen Mettendchen oder in Bayern auch Landjäger genannt, meist mit Senf – einfach kalt. Und auch die Frikadelle, ein aus Hackfleisch, Brot und Ei gebratener Fleischkloß, wird in Deutschland gerne kalt und mit den Fingern gegessen.

Vor allem im alten Berliner Kneipenmilieu trifft man auf die scherzhaft so genannten Hungertürme. Diese auf der Theke aufgestellten, mehrstöckigen Vitrinen halten deftige Snacks wie Rollmöpse, Schmalzbrot, Buletten – so der Berliner Name für Frikadellen – und Mettwürstchen zum sofortigen Verzehr mit den Fingern bereit.

Hier finden sich auch die sogenannten Soleier, die wie der Name schon sagt, als in hochprozentiger Salzlake eingelegte, hartgekochte Eier, einen salzigen Imbiss versprechen. Vor dem Verzehr mit einem Bissen steht eine kleine Zeremonie: Denn zunächst wird das Ei gepellt, dann halbiert und das harte Eigelb entnommen. In die entstandene Mulde füllt man Essig, Öl und den mit Senf bestrichenen Dotter.

Nordamerika

Hamburger und Hot Dog avancierten im 20. Jahrhundert zu den amerikanischen Fast- und Fingerfood-Rennern, die die Imbiss-Stände der ganzen Welt eroberten. Dabei repräsentiert die Vielfalt nationaler Varianten gleichzeitig Einigkeit und Unterschiedlichkeit ethnischer Geschmäcker.

Hamburger, Hot Dog & Co

Food-Historiker nehmen an, dass es deutsche Einwanderer waren, die die Basis sowohl für den Hamburger als auch den Hot Dog nach Amerika brachten. Die Amerikaner selbst schreiben die erfolgreiche Erfindung auf ihre eigene Fahne. So behauptet der Staat New York in einem kernigen Werbeslogan: „New Yorks's Gift to the World Cuisine, The Hamburger" – also „das Geschenk New Yorks an die Welt-Küche", und beansprucht damit, Urheber dieser Imbiss-Kreation zu sein. Ihr selbstbewusstes Statement führen die New Yorker auf zwei findige Einwohner der Stadt Hamburg bei Buffalo zurück. Die Menches-Brüder sollen im Jahre 1885 einen entsprechenden Imbiss kreiert und nach seiner Herkunft benannt haben.

Eine andere Theorie besagt, dass das originale, sogenannte Hamburger Stück, ein rundes Weizenbrötchen mit Hackfleischfrikadelle aus Roastbeef und Eigelb, Pate für den Hamburger gestanden habe. Auf der Weltausstellung 1904 in St. Louis wurden solche Hackfleischbrötchen – damals noch ohne „er" – als „Hamburg" verkauft.

Ebenso sollen es deutsche Metzger gewesen sein, die ihre Wiener Würstchen mit Sauerkraut in einem Brötchen verkauft haben, lange bevor dieser Snack den Namen Hot Dog erhielt. Die Vorliebe der Deutschen für die Hunderasse der Dackel soll es gewesen sein, die einen Karikaturisten zu einer Zeichnung mit einem „Hund auf Brot" verleitet haben. Daraufhin, glaubt man, sei die Idee zum Hot Dog geboren worden.

Aber ganz gleich, welchen Geschichten man glauben mag: Die Amerikaner haben dank ihrer großen Fastfood-Ketten Hamburger, Hog Dog & Co. als weltweite Exportschlager etabliert. Dazu zählen nicht zuletzt auch Chicken-Wings, die heute neben den berühmten Brötchen rund um den Globus von der Hand in den Mund wandern.

Südamerika

Als Einwandererland par excellence kommen in der amerikanischen Küche natürlich verschiedenste nationale Einflüsse zur Geltung. Bei den Fingerfood-Hits konnten sich auch Kreationen der südamerikanischen Kochtradition durchsetzen; die daraus entstandene neue Richtung bezeichnet man heute gerne als Tex-Mex-Küche. Dahinter verbergen sich meist ursprünglich spanische, durch die unterschiedlichen Einflüsse entsprechend veränderte Gerichte.

So trat der sogenannte Wrap (aus dem Englischen von „to wrap" = „einwickeln") in den 1990er-Jahren seinen Siegeszug auch in Europa an. Die dünnen, gefüllten Teigrollen finden sich immer häufiger unter den Imbiss-Angeboten europäischer Bars, Bistros und Kantinen.

Auch klassische Tortillas, gefüllt mit verschiedenen Gemüsen, Salaten, gebratenem Fleisch oder Thunfisch und einer pikanten Sauce erfreuen sich in jüngerer Zeit größter Beliebtheit. Besonders bei jungen Leuten stehlen sie Hamburgern und Hot Dogs inzwischen häufig die Show. Ähnlich beliebt und als Fingerfood angesagt sind Borritos, Empanadas oder Tacos.

Asien

Die asiatische Küche ist so vielfältig und unterschiedlich wie die europäische – und das gilt natürlich auch fürs Fingerfood. Während es in Thailand absolut üblich ist mit den Fingern der rechten Hand – die linke gilt als unrein – zu essen, benutzt man in China, Japan und Korea Stäbchen zum Essen. Gemäß der Philosophie des großen Konfuzius verbannte man alle Werkzeuge, die auch zum Töten dienen, vom Speisetisch.

Um auf ein Messer verzichten zu können, zerteilt man bis heute in China und Japan alle Speisen in mundgerechte Stücke. Damit pflegen die asiatischen Völker Tischsitten, die dem Fingerfood-Trend im wahrsten Sinne des Wortes in die Hände spielen.

Thailändische Tibits

In Thailand verbirgt sich diese Esskultur der schnellen und köstlichen Geschmacksfreuden für zwischendurch hinter dem Namen Tibits, der sich vom englischen Titbits (Leckerbissen) ableitet. Mundgerechte Leckereien wie Garnelen-Satayspieße oder Fleischspieße mit Erdnusssauce kann man dort rund um die Uhr an Ständen und auf Märkten genießen.

Chinesische Frühlingsrollen

Die aus China stammenden Frühlingsrollen gehörten von jeher zu den kleinen Köstlichkeiten der asiatischen Küche. Erst in Holland wurde aus ihnen ein großes Tellergericht. Ursprünglich wurden Frühlingsrollen – wie der Name andeutet – zum Neujahrsfest zubereitet. Mit ihrer Form symbolisieren die Frühlingsrollen die kostbaren Seidenraupen, die zu der Zeit des chinesischen Neujahrsfestes schlüpfen. Im Wok frittiert, bieten die mit regionaltypischen Gemüsen und Gewürzen gefüllten Teigrollen eine knusprige Delikatesse.

Japanische Sushi

Das japanische Sushi avancierte in den letzten Jahrzehnten zu dem asiatischen Exportschlager in Sachen Fingerfood. Was ursprünglich dem Haltbarmachen von Fisch diente, entwickelte sich zu einer trendigen Küchen-Kultur, die aus verschiedensten Zubereitungsarten, Formen und Zutaten der kleinen Reis- und Fischröllchen besteht. Frische Zutaten sind bei der Zubereitung ein absolutes Muss. Mit Seetang, Fisch und Gemüse liefern die durchaus nicht ganz preiswerten Häppchen einen Beitrag zur gesunden Ernährung in der Imbiss-Kultur.

Kushi nennt man in Japan eine besonders fettarme Art der Zubereitung von Fisch und Fleisch. Im Gegensatz zum Sushi handelt es sich dabei nicht um rohe, sondern um gegrillte beziehungsweise gedünstete Produkte auf Bambusspießchen. Die Spieße, bestückt mit Fisch oder Fleisch, beträufelt man während der Zubereitung mit einer Soja-Sauce, Wein und geriebenem Ingwer. Yakitori heißt die bekannteste Kushi-Variante mit Hühnerfleisch, die man in Lokalen und auf der Straße anbietet.

Spanien

Irgendwo zwischen dem Schlaraffenland und dem Paradies liegt Spanien. Denn nirgendwo sonst scheinen den Besuchern der Bars und Bodegas die „gebratenen Tauben", also die mundgerechten Leckerbissen, in vergleichbarer Vielfalt, förmlich so in den Mund zu fliegen.

Die Welt der Tapas

In Andalusien serviert man seit jeher – kostenlos – kleine Appetithäppchen zum Wein und zu anderen alkoholischen Getränken wie Bier, Sherry, Wermut oder Portwein. Diese Sitte geht auf die ehemals maurischen Herrscher und ihre Kultur zurück, die ein Stück Brot oder Oliven als Geste der Gastfreundschaft zu den Getränken reichten. Daraus entwickelte sich in ganz Spanien eine Fingerfood-Kultur par excellence, die man inzwischen weit über die Landesgrenzen hinaus mit dem Begriff Tapas (spanisch für Deckel oder Abdeckung) verbindet.

Heute trifft man in den spanischen Bars und Bodegas auf ein riesiges Angebot regional unterschiedlicher Tapas, die nicht mehr nur als kostenlose Beigabe zum Getränk – sondern zusätzlich bestellt – als kleinere oder größere

Mahlzeiten, gegessen werden. Dabei verarbeitet man vor allem frische Produkte aus der Region, und so erklärt sich die große Bandbreite unterschiedlichster Angebote.

Zum Teil bekommt man immer noch ein Stück Brot oder Schinken, was anfangs als Abdeckung – zum Schutz vor lästigen Fliegen – auf dem Getränk diente. Ebenso lassen sich gesalzene Mandeln, die geschält in der Pfanne frittiert werden und Oliven als Basistapas bezeichnen. Migas, in der Pfanne mit Speck geröstete Weißbrotwürfel oder mit Öl und Tomate eingeriebenes Röstbrot, ergänzen das Repertoire der schlichten, aber köstlichen Tapas.

In den Küstenregionen bereichern die typischen Meeresfrüchte wie Gambas oder Chanquetes, das sind kleine frittierte Fische, das Tapa-Büfett. Häufig finden sich auch frittierte Kartoffeln, verschiedene Tortillas, mit Speck ummantelte, gebratene Pflaumen, Fleischbällchen, frittierte Hähnchenteile oder frittierter Blumenkohl in der reich bestückten Tapas-Theke.

Griechenland & Türkei

Die international beliebten Fingerfood-Kreationen Griechenlands und der Türkei zeigen beispielhaft, wie sich die Küchen vieler Länder durch den Tourismus auf der einen und die Gastarbeiter auf der anderen Seite verbunden haben. Denn diese gesellschaftlichen Entwicklungen haben die Imbiss-Kultur vieler nordeuropäischer Länder um einen der nahrhaftesten Imbiss-Snacks überhaupt bereichert: die Döner- und Kebab-Taschen.

Vor allem in Deutschland gehören türkische und griechische Imbiss-Buden mittlerweile zum festen Bestandteil des kulinarischen Angebots. Geschätzt werden nicht nur die mit Kalb- oder Geflügelfleisch gefüllten Brote, sondern auch türkische Pizzen oder Falafel, frittierte Bällchen aus Kichererbsen.

Die kulinarische Bereicherung hat ihre Wurzeln in der arabischen Küche, auf die viele dieser südosteuropäischen Rezepte und Traditionen zurückgehen. In diesen Ländern – wie in der arabischen Welt – gilt Gastfreundschaft noch immer als hohes Gut. Dabei steht das leibliche Wohl des Gastes im Vordergrund, vor allem in Form von „Mezedes", kleiner Appetithäppchen, die man dem Gast zum Zeichen der Freundschaft anbietet.

In der Türkei wie auch in Griechenland sind besonders die auf Basis von Joghurt hergestellten kalten Meze-Cremes beliebt, die mit frischem Brot, wahlweise Pide oder Weißbrot, gegessen werden. Je nach Gusto finden sich Zitronensaft, Minze, fein geriebene Möhren, Olivenöl, klein geschnittene rote Paprika, Gurke oder Zwiebeln, Petersilie oder Tomatenmark in der Creme. Die warmen Meze können verschieden gefüllte, gebackene Blätterteig-Speisen wie Sigara Böregi, Karides Güveç oder Firinda Mantar sein. Hier haben Käse, Garnelen, Champignons, Zucchini, Tomaten oder Knoblauch als Füllung ihren großen Auftritt. Gewürze wie Kreuzkümmel oder Koriander werden wie in der gesamten arabischen Küche gerne verwendet.

In Griechenland schätzt man zudem nach dem Begrüßungs-Ouzo häufig auch gefüllte Weinblätter. Die Dolmades oder Dolmadakia genannte Spezialität sind entweder mit Reis oder auch mit Lammhack gefüllt.

Benelux

Sie sind das weltweit beliebteste Fingerfood: die Pommes frites. Zu verdanken sind sie den Belgiern, die sie angeblich aus einer Not heraus erfanden. Denn im Winter konnten die Einwohner der belgischen Ortschaften Namur, Huy und Dinant, die sich vom Fischfang aus der Maas ernährten, nicht angeln. Da sie ihren Fisch mit Vorliebe frittierten, nahmen sie nun einfach Kartoffeln, die sie – in die Form eines Fisches geschnitzt –, ins heiße Fett warfen. Heraus kamen die köstlichen weltberühmten belgischen Pommes frites. Noch heute werden sie in ihrem Mutterland aus frischen Kartoffeln zubereitet. Sie haben es sogar – in Kombination mit der fangfrischen Miesmuschel – zum Nationalgericht Moules frites gebracht.

Auch in Holland lassen sich die Kartoffelsticks allerorts genießen. Frietjes heißen sie dort und werden gerne mit Majonäse und Ketchup, aber auch gemischt mit rohen Zwiebeln oder Erdnusssauce angeboten. Geradezu ein multikulturelles kulinarisches Erlebnis versprechen Pommes frites als „Patat oorlog" – mit Majo, Zwiebeln und Erdnusssauce. Fingerfood par excellence bieten die Holländer mit ihrem „Hollandse Nieuwe", einer echten holländischen Spezialität: Rohes Heringsfilet wird am Schwanz gehalten und quasi kopfüber von der Hand in den Mund verzehrt. Der berühmte holländische Käse, insbesondere der Gouda, wird als Brotbelag und in mundgerechten Stücken genascht. Weit über seine Grenzen hinaus trumpft er als Käsehäppchen auf allen klassischen Büfetts und Stehempfängen als Publikumsliebling auf.

Russland

Piroschki und Sakuski, so klingen die schönen russischen Namen der Speisen, die die seit jeher gepflegte, landestypische Gastfreundschaft und die damit verbundenen kulinarischen Traditionen in sich vereinen. Und wie so häufig bei alten, nationalen Köstlichkeiten verbergen sich dahinter klassische Fingerfood-Variationen.

Piroggen

Als Nationalgericht gelten Piroggen, die sich übrigens von dem Wort „Pir", Gastmahl, ableiten. Diese Teigkuchen werden aus Roggenmehl beziehungsweise Weizenmehl, Milch und Butter zubereitet und mit verschiedensten Zutaten wie Süßem sowie Gemüse, Eiern, Fisch, Käse oder Fleisch gefüllt. Bis heute serviert man sie an Festtagen, wobei zu jedem Feiertag ein besonderes Piroggen-Rezept gehört.

Dabei variiert man die Formen passend zu den Füllungen. Kreisrunde, kleine, offene Piroggen füllt man beispielsweise gerne mit süßem Quark.

Als besondere Delikatesse bietet man Fleischpiroggen mit Gehacktem, Geflügel oder Wild als Zwischenmahlzeit an. Regelrechte Piroggentürme, sogenannte Kulebjaki, bestanden aus mehreren Schichten und verschiedenen Füllungen und wurden früher als komprimierte Mahlzeit während einer Pause bei der Feldarbeit verspeist. Die Vielfalt dieser schmackhaften russischen Snacks ist so groß wie das alte Mütterchen Russland, seine Regionen und Kulturen. Piroggen wurden – in dem in Russland zentralen Wohn- und Kochzentrum – im Backofen bei milder Temperatur gebacken, sodass Aromen und Nährstoffe erhalten blieben.

Sakuski

Ebenso zahlreich wie die Zubereitungsarten der Piroggen sind die der sogenannten Sakuski. Sakuski bilden als Appetitanreger die Vorspeisen vor dem eigentlichen Festmahl. Meist werden sie so zahlreich serviert, dass sie eine ganze Tafel bedecken. Heiß oder kalt, mariniert, gesalzen, gedörrt, gekocht oder geräuchert kommen sie als beliebte Schmankerl auf den Tisch. Sakuska bedeutet so viel wie „dazu essen" und kam zunächst als Brot zum Fleisch oder als schlichte Salzgurke zum deftigen Schluck Wodka zu seinem Namen. Und so wie die Türken ihre Auswahl an Mezedes und die Spanier ihre Vielfalt an Tapas erweiterten, wurde im Laufe der Zeit das Sortiment der Sakuski immer größer.

Vorbereiten & Anrichten

Das Auge isst mit

Appetitanregend Anrichten

Ob als Snack zur Mittagszeit, als Vorspeise eines Menüs, als feiner Happen beim Stehempfang oder als eine von vielen Köstlichkeiten auf dem Partybüffet: Fingerfood begegnet uns zu verschiedenen Zeiten und an unterschiedlichen Orten in immer wieder neuen Variationen.

Doch eines haben die kleinen Häppchen von gefüllten Auberginenröllchen über Erdbeer-Pfeffercreme-Spieße bis hin zu Windbeuteln mit Tomatencreme-Füllung gemein: Das Wasser läuft einem meist schon beim bloßen Betrachten im Munde zusammen. Denn besonders beim Fingerfood gilt die alte, aber keineswegs abgenudelte Küchenweisheit „Das Auge isst mit".

So gilt einer der ersten Blicke auf vielen Partys oft schon heimlich dem Büffet, wenn es noch gar nicht eröffnet ist: Erwartungsvolle Vorfreude kitzelt den Gaumen beim Anblick schön ange-

richteter Köstlichkeiten. Und vor allem von kleinen Häppchen in mundgerechter Größe geht auf Büffets eine besondere Anziehungskraft, ja oft sogar regelrechte Faszination aus.

Dazu trägt natürlich ganz entscheidend die visuelle Ausstrahlung von Fingerfood bei: Besonders formschön an sich und dekorativ in Gruppen angerichtet präsentiert es sich meist viel attraktiver als eine einfache Schüssel Salat. Dabei weisen die Häppchen oft auch einen gewissen Niedlichkeits-Faktor auf: Eine gefüllte Cocktail-Tomate, ein Mini-

Geflügelspieß, ein hübsches Gemüseröllchen – kann denn Fingerfood Sünde sein? Im Gegensatz zu einem Teller mit deftigem Kartoffelsalat oder einer Schüssel mit üppiger Gulaschsuppe wirken Fingerfood-Portionen immer gleich ein wenig leichter und oft auch eleganter; der kulinarische Genuss macht doppelt Spaß.

Für das Zubereiten von Fingerfood bedeutet dies also, dass nicht das Rezept allein entscheidend ist, sondern besonders das Aussehen eine wesentliche Rolle spielt. So präsentieren sich einfache Toastscheiben mit fertig gewürztem Frischkäse erst dann als attraktiver Blickfang, wenn sie kreativ oder originell angerichtet sind. Dabei sind der Fantasie kaum Grenzen gesetzt. Koch oder Köchin können sich in echte Küchenkünst-

ler verwandeln: Ausstechen oder ausschneiden, rollen, wickeln, einpacken sind nur einige der Möglichkeiten um Brot,
Gemüse, Fisch, Fleisch oder Teigwaren zu „verzaubern".

Und auch Alternativen zu Porzellan- oder Silberplatten
lassen sich mit einem mutigen Blick durch den Haushalt fast
überall finden: Vom Holzbrett über Gläser bis hin zu Spie-
geln, von kleinen Papiertüten über Schachteln bis zu deko-
rativen Kästchen bieten zahlreiche Gefäße oder Platten den
verschiedensten Fingerfood-Köstlichkeiten eine attraktive
Plattform. Doch auch ohne aufwändige „Kulisse" genügen
meist einige wenige Handgriffe und Tricks, um die kleinen
Snacks in einem perfekten Licht erscheinen zu lassen.

Eine Welt – zwei Richtungen

Zur großen Beliebtheit des Fingerfoods trägt sicherlich bei, dass man auf der einen Seite schnell und einfach kleine Appetithäppchen zaubern, auf der anderen Seite aber genauso gut aufwändige Kochkreationen kredenzen kann. Die Welt des Fingerfoods lässt sich so grob in zwei Hauptrichtungen unterteilen: Schnell und einfach sowie aufwändig und raffiniert.

Einfach und Schnell

Ganz einfach und schnell, aber trotzdem attraktiv und lecker etwas auf den Tisch bringen: Vor dieser Herausforderung steht man immer wieder, sei es, dass man spontan Gäste erwartet oder einfach wenig Zeit für umfangreiche Küchenarbeiten hat. Eine Vielzahl an Fingerfoodrezepten ist schnell zubereitet und braucht sich weder optisch noch geschmacklich zu verstecken.

Besonders schnell sind kleine Käsehäppchen hergerichtet: Zwei, drei ausgesuchte Sorten – mit Früchten angerichtet – lassen sich im Handumdrehen servieren. Ähnlich schnell sind kleine Canapés oder andere Snacks auf Brotbasis gemacht: Frisches Brot wird so mit einem flott angerührten Aufstrich –

zum Beispiel auf Frischkäsebasis –, einem Sträuß-
chen frischer Kräuter oder einer kleinen Gemüse-
garnitur schnell zu einer kleinen Köstlichkeit.
Auch die große Bandbreite an Knabbereien – von
Kräckern über Grissini bis hin zu Nachos wartet
geradezu darauf, mit würzigen Dips oder Aufstrichen veredelt zu werden.

Gerade hierfür darf man durchaus auch Fer-
tigprodukte verwenden – vom pikant gewürzten
Frischkäse bis hin zur feurigen Tomatensalsa. In
Kombination mit frischen Zutaten bekommen sie
eine individuelle Note.

Aufwändig und raffiniert

Doch auch derjenige, der mit Zeit und Muße kleine kulinarische Genüsse für den besonderen
Moment zubereiten möchte, findet unter den Fingerfoodrezepten zahlreiche Möglichkeiten. Die
feine Küche setzt dabei allerdings nicht immer
gleich große Kochfertigkeiten voraus. Vielmehr
geht es darum, frische und gute Zutaten mit Liebe zuzubereiten und anzurichten.

Der Aufwand besteht oft nicht zuletzt darin,
schöne Garnituren herzustellen – sei es, dass man
Gemüse oder Obst sorgfältig zuschneidet oder
die Zutaten liebevoll zu einem kleinen Gesamt-
kunstwerk anrichtet.

Top-Ten-Tipps: Anrichten

Die große Kunst beim appetitlichen Anrichten besteht in kleinen Kniffen, für die oft sogar noch nicht einmal besonderes Geschirr, spezielles Besteck oder auch teure Dekorationsmittel notwendig sind. Hier die wichtigsten „Zehn Gebote" beim Anrichten:

1. Weniger ist mehr

Wer hat es nicht vor Augen: Das überquellende Plattenbüffet, auf dem sich die Esswaren nur so stapeln? Aber stilvoll serviertes Fingerfood überzeugt nie durch Masse, sondern durch Klasse. Schließlich soll sich ja das Auge an den einzelnen feinen Köstlichkeiten erfreuen können – und die gehen auf dicht gefüllten, großen Platten unter. Deshalb gilt: Lieber weniger auf einzelnen Tellern oder anderen Unterlagen präsentieren, sodass sich das Augenmerk auf das Fingerfood selbst konzentriert.

2. Kleine Farbkontraste schaffen

Auf einem Fingerfood-Büfett springen vor allem diejenigen Köstlichkeiten ins Auge, die intensive Farbkontraste bieten. Ein solcher Eyecatcher sind beispielsweise die italienischen Caprese-Spießchen: Sie leben von dem starken und wirkungsvollen Kontrast einer leuchtend roten Cocktail-Tomate neben einem grasgrünen Basilikumblatt und einem schneeweißen Mozzarella-Bällchen. Bunte Gemüse-Sticks – wie orangefarbene Karotten, grüner Stangensellerie, gelbe Paprikaschoten oder weißer Sellerie – präsentieren sich zum Anbeißen lecker und bilden den Blickfang neben verschiedenfarbigen Dips. Je intensiver die Farben zur Geltung kommen, desto bunter, fröhlicher und verlockender wirkt das Fingerfood.

3. Weiße Flächen vermeiden

Weiß ist eine Farbe, die an sich kühl und nüchtern wirkt. Auf der anderen Seite bildet sie einen idealen Untergrund, um Speisen wirkungsvoll zu präsentieren. Beim Anrichten auf einem weißen Teller kommt es darauf an, dass kein „leerer" Eindruck entsteht und sich die kleinen Köstlichkeiten nicht auf dem Teller verlieren. Auf der anderen Seite sollten die Fingerfood-Gerichte aber auch nicht zu ge-

drängt angerichtet werden. Bei einer lockeren Verteilung wirkt man einem „leeren" Eindruck entgegen, wenn man die weißen Zwischenräume dekorativ füllt, z. B. indem man sie mit zum Gericht passssenden Kräutern, Obst- und Gemüsestücken oder auch Kernen bestreut.

4. Natürliche Dekorationen

Nicht nur die Speisen wollen schön angerichtet sein – auch das Büffet selbst. Und hier machen sich „natürliche" Dekorationen, die zum Fingerfood passen, besonders gut. Zu ausgebackenen Zwiebelringen kann man einige ungeschälte Zwiebeln hinzulegen, rund um den Erdnuss-Dip ein paar Erdnüsse verstreuen oder auch Dillstängel um einen Fischhappen drappieren. Auf sommerlichen Büffets wirken auch Kräutersträuße hübsch, wie blühender Dill oder ein Bund Petersilie.

5. Auf Farbkombinationen achten

Wer einen Blickfang erzeugen möchte, sollte Wert auf harmonische oder besonders auffällige Farbkombinationen legen. Während sich weiße Riesenchampignons auf einer weißen Platte verlieren, kommen sie auf einem schwarzen

Teller groß raus. Um Aufmerksamkeit zu erzeugen, sollte die Farbe der Servierteller also eher im Kontrast zur Speise stehen. Bei Glas- oder Edelstahlplatten lassen sich kontrastierende Farbeffekte erzielen, wenn man verschiedenfarbiges Fingerfood zusammen darauf anrichtet. Auch Toppings können Kontraste schaffen. Setzt man farbige Teller ein, sollten sich die Farben aber keinesfalls „beißen".

6. Auf den Untergrund achten

Genauso wichtig wie die Farbe der Teller ist die des Untergrunds, auf dem sie stehen. Er prägt den Gesamteindruck entscheidend mit. So wirken beispielsweise Holzplatten eher etwas rustikal, während feine Tischdecken einen eleganten Eindruck erzeugen. Auch die Struktur der Flächen wirkt sich aus. Eine nette Idee ist es, verschiedene Sets einzusetzen. Und natürlich kommen die asiatischen Fingerfood-Köstlichkeiten wie Sushi am besten auf Bastmatten zur Geltung.

7. Ins rechte Licht rücken

Auch die raffiniertesten Fingerfood-Kreationen setzen sich erst mit der richtigen Beleuchtung in Szene. Im hellen Lichtschein kommt ihr Glanz wirklich zur Geltung – bei schwacher Beleuchtung hingegen kann man kaum

richtig erkennen, was es alles zu genießen gibt. Sollte das Raumlicht nicht ausreichen, können auf dem Büffet höhere, attraktive Kerzenleuchter für Lichtblicke sorgen. Einfach, aber sehr wirkungsvoll ist es zudem, eine oder mehrere weiße Lichterketten zwischen den Serviertellern und -platten auszulegen.

8. Kreativität freien Lauf lassen

Beim Zubereiten und Dekorieren sind der Fantasie keine Grenzen gesetzt. Auch hier kann man mit Ideen spielen und verschiedene Möglichkeiten ausprobieren. Die originellsten Aufmachungen von Häppchen, Canapés und Co. entstehen beim Querdenken und Experimentieren. Warum nicht für ein Osterbüfett Teig in Eierschalen backen oder auch einmal Tiramisu am Spieß servieren? Manchmal sind es gerade auch die kleinen Ideen, die ein Fingerfood-Büffet zu etwas Besonderem machen, wie z. B. kleine Spießchen in einer Brotscheibe aufzustecken oder Fleischbällchen in Eierbechern zu präsentieren.

9. Abkupfern erlaubt!

Ob auf den Fotos in diesem kleinen Lexikon oder auf denen in Koch-Zeitschriften, ob am

Büffet von Freunden oder beim Catering von Kochprofis: An vielen Orten lassen sich wertvolle Anregungen finden, wie man Fingerfood ansprechend anrichten und arrangieren kann. Zwar sind die Geschmäcker auch beim Dekorieren verschieden und es gefällt sicherlich dem einen das eine und dem anderen das andere etwas besser: Aber jeder, der mit offenen Augen für die Präsentation von Fingerfood durch die Welt geht, findet Gestaltungsvarianten, die ihm persönlich gut gefallen – und diese kann man mit ruhigem Gewissen nachahmen.

10. Mit Liebe anrichten

Die raffiniertesten Rezepte und die besten Zutaten nützen nichts, wenn der Koch ohne Liebe und Leidenschaft bei der Sache ist. Und gleiches gilt natürlich auch fürs Servieren: Die schönste Kochkunst nützt nichts, wenn die Gäste das Essen links liegen lassen, weil es wenig appetitlich angerichtet ist. Also: Nur wer mit Freude und Hingabe kocht, schafft zum Gaumen- zusätzlich auch einen Augenschmaus. Und dann ist dem Fingerfood-Meister auch das Lob gewiss, um das es beim Anrichten schließlich geht: „Das sieht aber toll aus!"

Zubehör & Techniken

Kleine Helfer und Tricks

Ganz ohne kleine Helfer geht es auch beim Fingerfood nicht. Zu den unverzichtbaren Hilfsmitteln zählen vor allem Spieße und Gabeln sowie kleine Teller und Schälchen.

Spieße und Gabeln

Nicht jedes Fingerfood bietet sich dafür an, wirklich allein mit den Fingern gegessen zu werden. Oft sind Spieße oder Gäbelchen nützliche Helfer, vor allem um fettige Finger zu vermeiden. Die Auswahl ist riesig und der Preis richtet sich meistens nach der Qualität. Plastik- und Holzspieße kosten nur ein paar Cent. Man erhält sie in den verschiedensten Längen, Formen und Farben.

Etwas teurer wird es dagegen bei Spießen und kleinen Gabeln aus Stahl oder Glas – dafür wirken diese meist

eleganter. Je größer die Vielfalt an Spießen und
Gäbelchen auf dem Büffet ist, desto abwechs-
lungsreicher wirkt es. Am besten setzt man die
Materialien passend zu den Gerichten ein, also beispielsweise Holzspieße zu rustikalen
und Edelstahlgabeln zu raffinierten Fingerfood-Kreationen.

Tellerchen & Schälchen

Wer sich in gut sortierten Porzellangeschäften
umschaut, findet ein breites Angebot an spe-
ziellen Tellern und Schälchen für Fingerfood.
Natürlich eignen diese sich bestens, um kleine
Köstlichkeiten perfekt zu präsentieren oder zu
konsumieren. Es geht jedoch auch einfacher,
ohne große Kosten und Aufwand.

   Die Unterteller von Kaffee- oder Espres-
sotassen beispielsweise sind bestens als Abla-
ge für ein paar kleine Häppchen geeignet und
wirken oft auch optisch sehr nett. Statt teurer
Schälchen erfüllen auch kleine, leere Marme-
laden- oder Einmachgläser bestens ihren
Dienst als Fingerfood-Ablage – vor allem für
kleine Spieße. Überhaupt kann man hier seiner Fantasie gut freien Lauf lassen: Warum
nicht Gästen auch einmal Häppchen in den
Deckeln hölzerner Camembert-Schachteln
oder in Muschelschalen anreichen?

Techniken

Kochen ist ein Handwerk und häufig sogar ein besonders kunstvolles. Die Meister des Fachs beweisen nicht nur guten Geschmack, sondern im wahrsten Sinne des Wortes auch Fingerspitzengefühl, wenn es um die Zubereitung und Verarbeitung der Lebensmittel geht. Denn das richtige Schneiden, Ziselieren oder andere handwerkliche Techniken sorgen ganz wesentlich für optisch ansprechende Ergebnisse.

Aber auch ohne viel Übung oder spezielle Küchen-Werkzeuge gibt es zahlreiche einfache Möglichkeiten, Fingerfood attraktiv anzurichten.

Ausstechen und ausschneiden

Toast für kleine Canapés oder andere Häppchen kann man nicht nur in rechteckige Stücke, Rauten oder Dreiecke schneiden, sondern auch wunderbar ausstechen. Ganz einfach geht dies mit einem kleinen Glas. Auch Plätzchen-Ausstechförmchen in Blumen-, Herz- oder Sternform eignen sich, um einem Stück Toastbrot oder auch einer einfachen Gurkenscheibe ein neues Gesicht zu geben.

Einen bunten, konfettiartigen Mix erhält man, wenn man verschiedenfarbige Paprikaschoten mit einem Apfelausstecher bearbeitet. Mit den dabei entstehenden kreisrunden Stückchen lassen sich nicht nur Gerichte dekorativ aufwerten, sondern auch Teller oder Platten bunt verzieren.

Wer gern und häufig Gemüse und Co. in hübsche Formen bringt, für den kann sich auch die Anschaffung spezieller Edelstahl-Ausstecher lohnen. Der Handel bietet beispielsweise Tier-, Buchstaben- oder Zahlenmotive und viele andere Formen an. Für einzelne Ausstech-Experimente kann man sich aber auch selbst eine entsprechende Schablone zuschneiden, um beispielsweise aus einer Blätterteigplatte Fisch-, Blatt- oder Fantasieformen ausschneiden zu können.

Zacken und Spiralen

Für den klassischen Zickzackschnitt, mit dem Radieschen, Zucchini- oder Rettichstücke in Form gebracht werden können, benötigt man ein möglichst schmales, spitzes scharfes Messer. Aus ungeschälten, möglichst geraden und kleinen Gurken oder Zucchini lassen sich dekorative Spiralen herstellen: Dazu steckt man einen langen Spieß mittig der Länge nach in die Frucht. Nun schneidet man die Frucht rundherum wie eine Spirale ein – am besten während man sie dreht. Anschließend wird der Spieß heraus- und die Spirale auseinandergezogen.

Streifen und Blumen

Für blumenartige Konturen verwenden Fachleute sogenannte Ziseliermesser. Damit lassen sich aus Möhren, Gurken oder Orangen gleichmäßige Kerben herausschneiden.

Eine schöne Alternative stellen Streifenmuster dar, für die man einen Sparschäler benutzen kann: Man schält z. B. eine Gurke im Wechsel so, dass sich ein schmaler Streifen Schale mit einem dünnen Streifen sichtbarem Fruchtfleisch abwechselt.

Außerdem kann man gut Blütenformen – z. B. aus frischer Ananas – kreieren: Ananas schälen, die „Augenreihen" keilförmig herausschneiden und die Frucht in Scheiben schneiden.

Eine ganz klassische Variante blumiger Dekorationen sind Rosetten, für die sich besonders gut Tomaten eignen: Man schält die Schale ringsherum spiralförmig ab ohne das Messer dabei abzusetzen. Der Streifen, der nicht breiter als 2 cm sein sollte, wird anschließend zunächst fest, nach außen dann lockerer zu einer Rosette gedreht.

Verpackungen

Kleine Päckchen wirken immer ein bisschen geheimisvoll – auch auf dem Teller. Und so machen kleine gefüllte Röllchen aus Gemüse oder Taschen und Päckchen aus Teig natürlich neugierig auf den Inhalt. Dekorative Päckchen können unterschiedlich geformt sein – nicht nur viereckig, sondern auch in Dreiecks- oder Beutelform.

Zudem kann man Gerolltes oder Verpacktes – vom Fischröllchen bis zur Teigtasche – auch verschnüren, am besten mit Schnittlauchhalmen oder sehr feinen Lauchstreifen. Diese werden besonders geschmeidig, wenn man sie zunächst ganz kurz in heißem Wasser blanchiert.

Canapés & Co.

Canapés, Schnittchen & Co.

Sie gelten als Klassiker des Fingerfoods und passen sich kulinarischen Trends immer wieder neu an – Canapés, Schnittchen und Co. Fast jedes Land besitzt dabei seine eigenen Spezialitäten wie Italien die Tramezzini, Deutschland die Schnittchen oder Großbritannien die Sandwiches.

Dabei präsentieren sich die Brot-Leckereien ganz unterschiedlich: Ob als kleines, edel und dezent belegtes Schnittchen oder als üppiges Baguette, das geradezu überquellend mit Fleisch, Käse, Salat, Sauce oder Senf belegt ist.

Basis ihres Erfolgs ist sicherlich ihre unglaubliche Vielseitigkeit: Vom zarten Toast über knackiges Knäckebrot bis zum kräftigen Schwarzbrot lässt sich nahezu jede Brotsorte verwenden. Und als Belag ist fast alles vorstellbar, was schmeckt – ob Fisch oder Fleisch, Käse oder Kaviar, Garnele oder Gemüse.

Sinnvoll ist es immer, das Brot zunächst mit einem fett-
haltigen Aufstrich wie Butter oder Majonäse vor dem Aus-
trocknen bzw. auch vor dem Durchweichen zu schützen.
Die Mengenangaben in den folgenden Rezepten können
nur Richtwerte darstellen – zu sehr hängt beispielsweise die
benötigte Buttermenge von der Größe der Brotscheiben und
auch der individuell gewünschten Stärke des Auftrags ab.

Canapés mit Roastbeef

Canapés sind die feine Variante der Schnittchen. Sie können auf Toast, Weißbrot oder Baguette zubereitet werden und zeichnen sich vor allem durch dekorative Garnituren aus – hier sind der Kreativität kaum Grenzen gesetzt.

Zutaten (für 10 Stück):

1 kleines Baguette • 1 kleine Schlangengurke • 100 g Remoulade • 10 Scheiben Roastbeef-Aufschnitt • 1 Kästchen Kresse

Das Baguette in Scheiben schneiden. Je schräger man dabei den Messerwinkel ansetzt, desto größer werden die Scheiben.

Die Gurke waschen, mit Küchenkrepp trockenreiben und so schälen, dass schmale Streifen Schale stehenbleiben.

Die Brotscheiben mit Remoulade bestreichen. Je eine Scheibe Roastbeef auflegen, z.B. in Wellenform.

Von der Gurke Scheiben abschneiden und diese auf dem Roastbeef anrichten – z.B. in die Wellen-Vertiefungen stecken. Die Canapés mit kleinen Remouladenklecksen und Kresse garnieren und bis zum Servieren abgedeckt kühl lagern.

Canapés mit Pastete

Früchte sind vor allem zu Wild und Geflügel gern gesehene Begleiter und so bieten sich zur Entenpastete Orangen und Preiselbeeren sehr gut an.

Zutaten (für 10 Stück): 1 kleines Baguette • 1 Orange • ca. 50 g weiche Butter • Salz • Pfeffer • 10 Scheiben Entenpastete • 10 TL Wildpreiselbeeren

▬ Baguette schräg in nicht zu kleine Scheiben schneiden.

▬ Die Orange so schälen, dass auch die weiße Haut entfernt wird. Über einem Teller 10 Fruchtfilets vorsichtig heraustrennen, den Saft dabei auffangen.

▬ Butter in ein kleines Schälchen geben und 1 TL Orangensaft mit einer Gabel einarbeiten. Mit etwas Salz und weißem Pfeffer abschmecken.

▬ Die Brotscheiben mit der Butter bestreichen und auf jedes Stück Brot eine Scheibe Pastete legen. Diese bei Bedarf passend durchschneiden.

▬ Mit je einem Orangenfilet und einem Teelöffel Wildpreiselbeeren garnieren und bis zum Servieren kühl lagern.

Tramezzini

Die sogenannten Tramezzini, meist dreieckige Weißbrot-Sandwiches, kennen die meisten Italienreisenden aus den Glasvitrinen der Raststätten-Bars. Als Klassiker italienischer Brot-Snacks erfreuen sie sich seit langem zu vielen Gelegenheiten großer Beliebtheit.

Zutaten (für 10 Stück): 3 hart gekochte Eier • 2 EL saure Sahne • 250 g Quark (20% Fett) • 1 Bund Petersilie • 1 EL Kapern • Salz • Pfeffer • 1/2 Schlangengurke • 10 mittelgroße Rispentomaten • 10 Scheiben Sandwich-Toast

■ Eier, Sahne, Quark, Petersilie und Kapern mit einer Küchenmaschine oder dem Pürierstab fein pürieren und mit Salz und Pfeffer würzen.

■ Die Gurke und die Tomaten in Würfel schneiden.

■ Die Rinde des Toastbrotes entfernen. Zuerst den Aufstrich und dann die Gemüsewürfel gleichmäßig auf fünf Scheiben verteilen. Die einzelnen gefüllten Scheiben mit einer weiteren Toast-Scheibe bedecken und andrücken. Dann jeweils diagonal durchschneiden, um zwei in etwa gleich große Dreiecke zu erhalten.

Panini alla Mozzarella

Ein Panino gilt in Italien zunächst als schlichtes Brötchen – ohne Belag. Verlangt man in der Bar danach, erhält man jedoch gleich ein belegtes Brötchen mit Schinken, Salami, Mortadella und Co – die Auswahl ist groß.

Zutaten (für 4 Brötchen): 250 g Mozzarella • 4 Tomaten • 1 Bund Rucola • 1 EL Zitronensaft • 1 EL Olivenöl • Salz • Pfeffer • 2 Knoblauchzehen • 1 Bund Basilikum • 4 Ciabatta-Brötchen • 4 Scheiben Parmaschinken

■ Mozzarella in Scheiben schneiden, Tomaten waschen und in Scheiben schneiden. Rucola waschen und trocknen.

■ Zitronensaft, Öl, Salz und Pfeffer mischen. Knoblauch pressen, Basilikum in Streifen schneiden, beides zur Marinade geben und diese über dem Käse verteilen.

■ Die Brötchen aufschneiden und mit Rucola und Tomaten gleichmäßig belegen. Mozzarella und jeweils eine Scheibe Schinken darauflegen und mit der anderen Hälfte der Brötchen bedecken.

Tipp: Für kleinere Portionen kann man nun die Panini noch längs halbieren oder auch vierteln.

Crostini mit Avocado

Crostini stillen als fix zubereitete Happen den ersten Hunger eintreffender Gäste oder dienen als kleine Knabberei zum Wein. Dazu röstet man kleine Ciabatta-Scheiben, die Crostini. Diese werden entweder nur mit Knoblauch eingerieben und mit Olivenöl beträufelt oder auch belegt bzw. mit kräftigen Pasteten bestrichen. Anstelle italienischen Ciabatta-Brotes kann man auch Baguette verwenden.

Zutaten (für 10 Stück): Ciabatta-Brot oder Baguette • $1/2$ reife Avocado (mit Schale) • 1 EL Zitronensaft • 50 g Majonäse • 200 g Shrimps • 1 Tomate

▬ Vom Brot 10 etwa 1,5 cm dicke Scheiben abschneiden.

▬ Die Avocado längs halbieren, den Kern herauslösen. Das Fruchtfleisch in der Schale mit Zitronensaft beträufeln, damit es sich nicht braun färbt. Mit einem Messer die Avocadohälften noch in der Schale in kleine Würfel teilen, mit einem Löffel aus der Schale schaben und sofort in die Majonäse rühren.

▬ Die Avocadocreme auf den Brotscheiben verteilen und mit Shrimps belegen. Die Tomate entkernen, in sehr dünne Streifen schneiden und die Crostini damit garnieren.

Hähnchen-Baguette

Zutaten (für 8 Stück): ¹/₂ Grillhähnchen • ¹/₂ Bund Petersilie • 200 g Frischkäse • 2 EL Majonäse • 2 EL Sahne • 1 TL Tomatenmark • Salz • Cayennepfeffer • ein Stück Salatgurke • 4 Tomaten • einige Blätter Eisbergsalat • 1 kleines Baguette

▬ Das Grillhähnchen vom Knochen lösen und in grobe Stücke zerteilen. Die Haut je nach Gusto entfernen. Petersilie waschen, trocknen und fein hacken.

▬ Frischkäse mit Majonäse, Sahne und Tomatenmark verrühren, mit Salz, Pfeffer und gehackter Petersilie würzen.

▬ Die Gurke schälen und in etwa 3 mm dicke Scheiben schneiden. Tomaten waschen, in Scheiben schneiden und dabei die grünen Stielansätze entfernen. Salat waschen, trockenschleudern und in Stücke rupfen oder schneiden.

▬ Das Baguette in 8 Stücke schneiden und jeweils halbieren. Die Brothälften mit der Frischkäsecreme bestreichen. Nun die Unterhälften nacheinander mit je etwas Salat, Tomatenscheiben, Gurkenscheiben und Hähnchen belegen. Das Hähnchen bei Bedarf noch mit Salz und Pfeffer würzen. Die Oberhälften der Baguettes auflegen.

Pumpernickel-Taler

Schwarzbrot mit einem schnell angerührten Kräuterfrisch-käse und frischer Schärfe von Radieschen ist ein pikanter Snack, der nicht nur zu einem Glas Bier gut passt. Statt reinem Schwarzbrot eignen sich natürlich auch gut andere kräftige Brotsorten.

Zutaten (für 12 Stück): 100 g Frischkäse • 1 EL Sahne • 1 Bund Radieschen • 1/2 Bund Schnittlauch • Salz • 12 runde Pumpernickelscheiben (Party-Pumpernickel)

Den Frischkäse mit der Sahne verrühren.

Radieschen waschen, putzen und die Hälfte in kleine Würfel schneiden. Schnittlauch waschen, einige Halme für die Dekoration beiseite legen.

Übrigen Schnittlauch in kleine Röllchen schneiden und mit den gewürfelten Radieschen unter den Frischkäse rühren. Mit etwas Salz abschmecken.

Die Pumpernickel-Taler mit dem Frischkäse bestreichen und mit in grobe Stücke geschnittenem Schnittlauch garnieren. Die restlichen Radieschen dekorativ aufschneiden und mit den Pumpernickel-Talern servieren.

Käse-Köstlichkeiten

Vielfältige Varianten

Ideal-Partner der Fingerfood-Küche

Wer relativ schnell ein abwechslungsreiches Büffet auf die Beine stellen möchte, der kommt um Käse kaum herum. Mit dieser variantenreichen Köstlichkeit zaubert man im Handumdrehen kleine Snacks.

Grundsätzlich reichen schon ein paar mundgerecht zurecht geschnittene Häppchen zu einem Glas Rotwein, um die Gäste zufriedenzustellen. Und mit nur wenig Mehraufwand entstehen kleine Käse-Köstlichkeiten. Gouda, Mozzarella & Co. lassen sich nämlich vielseitig kombinieren und zubereiten: Ob als Füllung für eine herzhafte Pastete, mit frischem Obst als Spieß oder sogar in Form delikater Pralinen.

Mehrere hundert Sorten Käse warten auf den Genießer. Für ein Büffet empfehlen sich vor allem die milderen Sorten, die keinen intensiven Geruch verströmen. Zu beachten ist, dass diese Gaumenfreude etwas Zeit benötigt, bis sie ihr volles Aroma entfaltet. Daher empfiehlt es sich, die Käseplatte bereits eine halbe Stunde vor dem Servieren aus dem Kühlschrank zu nehmen.

Käse mit Früchten

Käse und Früchte sind eine kulinarische Traumkombination, die sich überaus vielfältig zeigt. Neben dem Klassiker Gouda mit Trauben gibt es nahezu unzählige weitere Kombinationen – hier einige Beispiele:

Schnittkäse wie Emmentaler, Edamer oder Bergkäse harmoniert mit Trauben, Kiwis oder Mandarinen und eignet sich aufgrund der Konsistenz besonders gut für Käsespieße.

Ziegenkäse gilt als besonders edler Partner für Früchte wie Feigen, Erdbeeren oder Birnen.

Blauschimmelkäse wie Roquefort, Gorgonzola oder Stilton passt zu Äpfeln, Birnen, Trauben und Datteln.

Weichkäse mit weißem Edelschimmel wie Brie oder Camembert wird gern mit Preiselbeeren – in Kompottform – kombiniert, hamoniert aber auch wunderbar mit anderen roten Beeren oder Feigen.

Schafskäse muss nicht immer nur mit Oliven kombiniert werden, sondern geht auch gut zusammen mit Feigen, Melonen oder Trauben.

Pfefferkäse-Erdbeeren

Erdbeeren und grüner Pfeffer werden von Feinschmeckern seit langem als köstliche Kombination geschätzt. Wird der Pfeffer mit Frischkäse angemacht, lassen sich daraus köstliche kleine Fruchtspieße zubereiten. Ganz fix kann man diese alternativ mit einem fertigen Pfefferfrischkäse zubereiten. Anstatt sie aufzuspießen, kann man die Früchte auch auf Kräcker setzen.

Zutaten (für etwa 8 Portionen): 250 g möglichst große Erdbeeren • 100 g Frischkäse • 1 EL Sahne • 1 EL eingelegter grüner Pfeffer

Erdbeeren vorsichtig waschen und mit Küchenkrepp trockentupfen.

Den Frischkäse mit der Sahne verrühren. Pfeffer abtropfen, in einem Mörser zerstoßen und unter den Käse rühren.

Die Erdbeeren horizontal halbieren und auf die Unterhälfte jeweils einen Teelöffel Pfefferkäse geben. Mit der Oberhälfte vorsichtig zusammendrücken, sodass der Käse nicht herausquillt. Die Früchte dann auf Spieße stecken oder auf einer Platte anrichten.

Käse-Pastete

Diese kleinen Pasteten lassen sich sehr gut in einem Muffinblech zubereiten. Alternativ dazu kann man auch kleine Torteletteförmchen verwenden – dazu schneidet man die Teigscheiben zunächst jeweils durch, sodass man 8 Tortelettes erhält. Die Pasteten schmecken gleichermaßen warm und kalt.

Zutaten (für 12 Muffins): Fett und Paniermehl für die Form • 4 Scheiben TK-Blätterteig • 60 g Gorgonzola • 2 EL Crème fraîche • 250 g körniger Frischkäse (Hüttenkäse) • Salz • Pfeffer • Schnittlauch

▬ Die Muffinform einfetten und leicht mit Paniermehl bestäuben. Die Blätterteigscheiben auf einer bemehlten Arbeitsfläche antauen lassen. Mit dem Rand eines Trinkglases aus jeder Blätterteigscheibe 3 Kreise ausstechen, die im Durchmesser etwa 4 cm größer als die Förmchen sind, damit in der Form ein Rand entsteht. Teig in die Form drücken.

▬ Gorgonzola, Crème fraîche und Frischkäse miteinander verrühren, mit Salz und Pfeffer abschmecken. Den Schnittlauch fein hacken und unterrühren. Die Masse auf dem Teig verteilen.

■■ Bei 180 °C ca. 10 bis 15 Minuten goldbraun backen. Anschließend noch einige Minuten in der Form lassen.

Käse-Paprika-Spieße

Ein Käsesnack, der nach Urlaub am Mittelmeer schmeckt, sind diese Spieße aus Feta-Käse, Oliven und eingelegten Paprika. Letztere muss man nicht selbst einlegen – es gibt sie fertig im Glas zu kaufen.

Zutaten (für 10 Spieße): 100 g Feta-Käse • 10 Streifen eingelegte Paprika • 20 schwarze Oliven (entsteint) • 10 kleine Spieße

▬ Alle Zutaten sollte man zunächst gut abtropfen lassen. Den Feta in Würfel von 2 bis 3 cm Kantenlänge schneiden.

▬ Jeweils einen Paprikastreifen um einen Käsewürfel legen. Dann die Spieße jeweils mit Olive, Käse-Paprika und wieder einer Olive bestücken.

Serviertipp: Zu diesen mediterranen Spießen passt besonders gut frisches Fladenbrot. Dies kann man auf einem Büffet auch als praktische Halterung für die Spieße verwenden: Ein Stück Fladenbrot auf ein Holzbrett legen und die Spieße hineinstecken. Zu den Käse-Paprika-Spießen einen Korb mit weiteren Brotstücken stellen und dazu eine Schale mit Knoblauchsauce zum Dippen reichen.

Käsepralinen

Ob in Schnittlauch, Paprika oder Nüssen gewälzt, mit Parmesan oder Pfeffer verfeinert: Aus Frischkäse lassen sich recht schnell köstliche kleine „Pralinen" zubereiten. Fügt man dem Frischkäse etwas geriebenen Hartkäse hinzu, so wird die Masse fester und lässt sich besonders gut formen.

Zutaten (für die Grundmasse): 200 g Frischkäse • 50 g fein geriebener Parmesan oder anderer Hartkäse

Zum Überziehen (wahlweise): je 2 EL roter Pfeffer • Paprikapulver • Kümmel • bunter Pfeffer • fein gehackte Käuter (z.B. Schnittlauch, Petersilie, Estragon) • gehackte Pistazien, Nüsse oder zerriebene Mandelblättchen

▬ Für die Käsemasse Frischkäse und geriebenen Hartkäse mit einer Kuchengabel vermengen. Aus der Masse etwa walnussgroße Bällchen formen – entweder zwischen den mit kaltem Wasser angefeuchteten Handflächen oder mit Hilfe zweier Teelöffel.

▬ Die gewünschten Zutaten zum Wälzen in eine Schale geben und die Kugeln darin rollen. Besonders dekorativ wirkt es, wenn man die fertigen Kugeln in kleine Papiermanschetten für Pralinen setzt.

Dips, Saucen & Co.

Kulinarischer Tauchgang

Cremige Partner zum Eintauchen

„In der größten Not schmeckt die Wurst auch ohne Brot" – dieser humoristische Spruch lässt sich ohne Zweifel auch auf Dips und Saucen übertragen. Manchmal möchte man sie am liebsten direkt aus der Schüssel löffeln oder trinken. Welch ein Glück also, dass es Fingerfood gibt, denn hier ist das unmittelbare Eintauchen nicht nur erlaubt, sondern ausdrücklich erwünscht.

Statt des Löffels dienen bunte Rohkoststicks, kross gebratene Fleischstücke, ein Stück frisches Brot oder Knabberartikel wie Grissini oder Kräcker als Vehikel für den meist cremigen Genuss von Dips und Saucen.

Aromatische Viefalt

Geschmacklich kennt die Welt der Saucen keine Grenzen. In den Küchen aller Herren Länder findet man entsprechende Rezepte: Von asiatischen Varianten

mit häufig fruchtigem oder süß-saurem Aroma über deutsche, eher deftige Remoulade oder mediterrane Knoblauch-Majonäse bis hin zu Vertretern der Tex-Mex-Küche mit scharf-fruchtigem Geschmack.

Joghurt – leichte Saucen

Grundsätzlich lassen sich Dips und Saucen zunächst nach ihrer Basis unterscheiden – diese kann aus Milchprodukten wie Joghurt, Sahne oder Käse bestehen, aus Majonäse oder aus Gemüse oder Früchten. Saucen auf Joghurt-Basis sind in der Regel recht leicht und werden besonders gern mit Kräutern verfeinert.

Mit Minze wirken sie erfrischend und passen gut zu würzigen orientalischen Gerichten. Mit Dill sind sie ein guter Partner von Fisch, mit frischen Gartenkräutern eine tolle Ergänzung zu knackiger Rohkost. Gerade Joghurt-Dips sind ideal für heiße Sommertage, an denen Saucen mit Majonäse – also auf Basis von Ei und Öl – häufig zu gehaltvoll erscheinen.

Majonäse – am besten frisch

Majonäse ist bei den Dips nicht nur Grundlage für Remoulade, sondern auch für die berühmte spanische Aioli, zu deutsch schlicht: Knoblauchmajonäse. Liebhaber rühren sie frisch an und verwenden hochwertiges Olivenöl. Soll es schnell gehen, kann man natürlich auch eine fertige Majonäse als Grundlage verwenden. Wichtig ist, dass vor allem an warmen Tagen sowohl Zutaten als auch fertige Saucen mit Majonäse immer gut gekühlt aufbewahrt werden. Aufgrund der enthaltenen Eier sind sie nämlich leicht verderblich. Majonäsen passen besonders gut zur mediterranen Küche und harmonieren bestens mit verschiedenen rohen Gemüsen – ihr Fett dient nicht zuletzt auch als Aromaträger.

Fruchtig-frische Saucen

Ob pikant mit Tomaten und Knoblauch, nussig-cremig mit Avocado oder fruchtig-scharf mit Mango und Chili – fruchtige Saucen und Dips sind ein ganz besonderer Genuss. Sie werden gerne zu Geflügel und anderem hellem Fleisch gereicht, passen ebenso zu Frühlingsrollen und selbst zu manchem Fisch-Snack.

Saucen und Dips kann man recht leicht selbst kreieren: Joghurt, Schmand, Frischkäse oder Majonäse lassen sich mit unterschiedlichen Kräutern oder Gewürzen immer wieder neu ganz individuell verfeinern. Anregungen für eigene Ideen bietet die Rezeptauswahl in diesem Kapitel.

Kräcker & Co

Knuspriger Knabberspaß

Sie sind der Inbegriff des schnellen Fingerfood-Genusses: Salzgebäck oder geröstete Nüsse, Kartoffelchips oder Nachos, Grissini oder Brotchips. Diese und andere kleine Knabbereien gibt es in unzähligen Varianten im Supermarkt zu kaufen und sie warten geradezu darauf, schnell vernascht zu werden.

Pur sind sie vor allem zu herben und alkoholischen Getränken beliebt – in südlichen Ländern werden sie deshalb in Bars ganz selbstverständlich zu Wein oder Bier serviert. Ein perfektes Team bilden sie gemeinsam mit Dips oder Aufstrichen. Geschickt kombiniert und mit wenigen anderen Zutaten verfeinert, kann man aus Kräckern und Co so im Handumdrehen köstliche Fingerfood-Leckereien zaubern.

Köstliche Kräcker

Kräcker gelten als Klassiker herzhaften Knuspergebäcks und bilden immer wieder eine per-

fekte Basis für köstliche Fingerfood-Häppchen: Ob für einen Klecks Frischkäse, Tomate und Basilikum, für etwas Remoulade und Mixed Pickles oder für eine kleine Scheibe Salami mit Oliven.

Meist sind Kräcker schon gesalzen, manchmal auch mit Käse oder Kräutern gewürzt. Ihr großes Plus ist ihre Lagerfähigkeit: In der geschlossenen Packung halten diese Gebäcke über Monate und können so sehr gut bevorratet werden. Stehen ein oder zwei Sorten im Küchenschrank und befinden sich außerdem Frischkäse und Eier im Kühlschrank, braucht man nicht mehr viel, um einige köstliche Kleinigkeiten – auch für spontane Gäste – zu zaubern.

Knabber-Variationen

Zu Kräckern oder kleinen Knäckebrotscheiben oder gerösteten Brotchips, die man pur, aber auch mit Zwiebel- oder Knoblaucharoma erhält, passen fast alle Dips oder auch verschiedene fertig erhältliche Saucen und Frischkäsezubereitungen. Soll es also einmal wirklich ganz schnell gehen, streicht man beispielsweise einfach etwas Pfeffer- oder Kräuterkäse auf die kleinen Knusperteilchen, dekoriert sie mit einer Olive, Tomatenscheibe oder etwas frischen Kräutern und schon ist der kleine Snack servierfertig.

Mit nur wenig mehr Aufwand sind ein paar Eier gekocht und in Scheiben geschnitten. Einige Löffel Crème fraîche oder Frischkäse werden mit einem halben Teelöffel Senf und einem Spritzer Zitronensaft abgeschmeckt, auf die Kräcker gestrichen und nun mit je einer Eischeibe bedeckt. Hier passen als Dekoration Kapern oder Mini-Cornichons.

Aus knackigen Brotchips lassen sich mit Mozzarella und Tomatenscheiben, die man im Wechsel aufeinanderlegt, witzige kleine Türmchen bauen, die man mit etwas Basilikum und frisch gemahlenem Pfeffer krönt. Eine edle Variante ergibt ein Scheibchen Räucherlachs mit etwas Kaviar.

Perfekte pikante Paare

Auch andere Kombinationen gelten als unschlagbar: Pikante Nachos und feurige Salsa sind ein perfektes Paar und mit etwas Sauerrahm und einer schnell angerührten Guacamole steht einem mexikanischen Abend kaum noch etwas im Wege. Knusprige Grissini gehen mit einer Scheibe Parmaschinken eine wunderbare Verbindung ein. Sie wird mit einem Hauch Parmesan und einem Spritzer Balsamico zu einer wahren Delikatesse.

Auch diese kleinen, manchmal zwar etwas schlichten, aber trotzdem meist sehr beliebten Häppchen verdienen natürlich eine dekorative Präsentation. Auf formschönen Tellern angerichtet und mit ein paar Kräutern oder Gemüsestückchen geschmückt, schmecken sie noch mal so gut!

Majonäse-Grundrezept

Selbst hergestellte Majonäse kann ein besonderes kulinarisches Vergnügen sein, wenn hochwertige, frische Zutaten zum Einsatz kommen. Die fertige Majonäse sollte man – nicht nur im Sommer – stets gut gekühlt lagern.

Entscheidend für den Geschmack ist vor allem das verwendete Öl: So lässt neutrales Pflanzenöl den Geschmack des Eigelbs stärker hervortreten als ein intensives Olivenöl, das der Majonäse jedoch auch eine ganz individuelle Note verleiht.

Zutaten: 2 frische Eigelb • Salz • Pfeffer • 1 TL Senf • $^1/_8$ l Öl

Eigelb in eine Rührschüssel geben und mit Salz, Pfeffer und Senf verrühren. Nun mit dem elektrischen Mixer schaumig schlagen. Dabei tropfenweise das Öl hinzugeben und gleichmäßig einrühren. Um eine dickflüssige Konsistenz zu erreichen, kann je nach Größe der Eier auch mehr Öl – bis zu $^1/_4$ l – erforderlich sein.

Achtung: Da Majonäse aus rohen Eiern zubereitet wird, müssen diese immer ganz frisch sein (Salmonellengefahr!).

Knoblauch-Dip

Ob spanische Aioli oder griechisches Tsatsiki: Knoblauch-saucen sind in vielen Ländern sehr beliebt und passen nicht nur bestens zu unterschiedlichsten Fleischgerichten, son-dern auch ganz hervorragend zu Rohkost- und Gemüse-rezepten. Hier zwei Varianten – leicht mit Quark und Jog-hurt und etwas gehaltvoller mit Majonäse. Die Saucen an sich sind schnell zubereitet, sollten aber mindestens zwei Stunden durchziehen.

Mit Joghurt: 2 Knoblauchzehen • 100 g Quark • 300 g cremiger Vollmilchjoghurt • Salz • Pfeffer • 1 Prise Zucker • 1 Spritzer Zitronensaft

Knoblauch häuten und sehr fein würfeln. Quark mit Joghurt und Knoblauch glattrühren. Creme mit Salz, Pfeffer, Zucker und Zitronensaft würzen und durchziehen lassen.

Mit Majonäse: 2 Knoblauchzehen • 200 g Crème fraîche • 200 g Salatcreme (oder Majonäse) • Salz • Peffer • 1 Prise Zucker

Den Knoblauch häuten und sehr fein würfeln. Crème fraîche mit Salatcreme verrühren; mit Salz, Pfeffer, Zucker und Knoblauch würzen und durchziehen lassen.

Remoulade

Remoulade – also eine pikant gewürzte Majonäse – kann als klassische Zutat schlechthin auf Canapés und zahlreichen Sandwiches gelten. Es gibt sie fertig zu kaufen, doch selbstgemacht ist sie ganz besonders köstlich – vor allem, wenn auch die Majonäse mit einem guten Öl selbst angerührt wird (siehe S. 118).

Zutaten: 200 g Majonäse • etwas Gurkensaft aus dem Glas • Salz • Pfeffer • 1 hartgekochtes Ei • 4 Cornichons • 2 TL Kapern • 2 Sardellenfilets • 1 kleine Zwiebel

■■■ Majonäse in eine Rührschüssel geben und mit etwa 2 EL Gurkenwasser verrühren. Salzen und pfeffern.

■■■ Das Ei, die Cornichons, Kapern und Sardellenfilets fein würfeln. Zwiebel häuten und ebenfalls fein würfeln.

■■■ Alle Zutaten zur Majonäse geben und vorsichtig unterrühren. Nach Geschmack mit Salz und Pfeffer abschmecken.

Tipp: Etwas milder wird die Remoulade, wenn man die pikanten Sardellenfilets weglässt und den Dip stattdessen mit Kräutern verfeinert.

Thunfisch-Dip

Thunfisch mal anders – nämlich als würziger Dip. Man kennt ihn in dieser Form von der italienischen Spezialität Vitello tonnato: Dort wird die delikate Thunfischsauce zu kalt aufgeschnittenem Kalbfleisch serviert. Diese Sauce eignet sich allerdings auch für viele andere Fingerfoodgerichte: Man kann sie ebenso zu kalten Bratenröllchen als auch zu frischer Rohkost wie Fenchel, Gurke oder Paprika reichen. Der Dip ist aber immer auch für einen Soloauftritt gut, beispielsweise einfach nur mit frischem Weißbrot.

Zutaten: 1 Dose Thunfisch (Abtropfgewicht ca. 135 g)
• 2 EL Kapern • 10 Cornichons • 1 Portion frisch zubereiteter Majonäse (oder 250 g Salatmajonäse aus dem Glas) • 4 Sardellenfilets • 2 EL Zitronensaft • Salz • Pfeffer

▬ Den Thunfisch abtropfen lassen und mit einer Gabel in Stückchen zerpflücken. Kapern und Cornichons fein hacken.

▬ Majonäse, Thunfisch, Sardellenfilets, Gurken, Kapern und Zitronensaft in einen Rührbecher geben und mit dem elektrischen Pürierstab fein pürieren.

▬ Die Sauce mit Salz und Pfeffer abschmecken.

Joghurt-Minz-Sauce

Sommerlich, würzig und erfrischend ist diese Joghurt-Minz-Sauce, die zu Rohkost genauso passt wie zu Gemüseröllchen (S. 212) oder den persischen Kräuterpfannkuchen „Kuku" (S. 226). Dabei schätzt man sie nicht nur als Dip. Viele lieben sie sogar pur – in dünnflüssiger Form und eisgekühlt ist Johurt mit Minze ein beliebter Erfrischungs-Drink im arabischen Raum.

Zutaten: 1/2 Schlangengurke • 300 g Joghurt • Salz • 1/2 TL gemahlener Kreuzkümmel • 1 Msp. Korianderpulver • 1/2 Bund frische Minze • 1 Spritzer Zitronensaft

■■■ Die Gurke schälen, längs durchschneiden und mit einem Löffel die Kerne herauskratzen. Dann die Gurke mit der groben Seite einer Küchenreibe raspeln.

■■■ Joghurt mit Salz, Kreuzkümmel und Koriander verrühren. Die Minze waschen, trockenschütteln und fein hacken.

■■■ Gurkenstückchen und Minze unter den Joghurt rühren und die Sauce mit etwas Zitronensaft abschmecken. Gut durchkühlen.

Harissa-Dip

Harissa ist eine aus der nordafrikanischen Küche stammende scharfe Gewürzpaste. Sie enthält neben frischen Chilischoten und Knoblauch auch Kreuzkümmel, Koriandersamen, Salz und Olivenöl. Man erhält sie fertig in kleinen Dosen in arabischen oder türkischen Lebensmittelgeschäften. Für einen Harissa-Dip sollte man die Paste verlängern, da sie pur höllisch scharf ist.

Zutaten: 1 Bund glatte Petersilie • 2 EL Harissa • 3 EL Tomatenmark • 4 EL Zitronensaft • 6 EL Olivenöl • 1 Prise Salz

Petersilie waschen und fein hacken. Harissa mit Tomatenmark, Petersilie, Zitronensaft und Olivenöl verrühren und mit Salz abschmecken.

Milde Variante: Wem dieser Dip zu scharf ist, kann ihn auch mit frischen Tomaten abmildern. Dazu vier Tomaten kreuzweise einritzen, mit kochendem Wasser übergießen und die Haut abziehen, sobald sie sich zu lösen beginnt. Dann die Tomaten fein würfeln – dabei die grünen Stielansätze entfernen. Unter den Harissa-Dip rühren, 30 Minuten durchziehen lassen und dann noch einmal mit Salz abschmecken.

Erdnuss-Dip

Dieser Dip erhält seine pikante Würze durch Sojasauce und Harissa – diese arabische Würzpaste verleiht ihm zusammen mit Knoblauch zugleich eine dezente Schärfe. Der Dip passt perfekt zu Putenspießen (S. 164) und anderem Geflügel. Er kann gut vorbereitet werden und hält sich abgedeckt im Kühlschrank mehrere Tage.

Zutaten: 200 g ungesalzene Erdnusskerne • 1 Limette • 2 Knoblauchzehen • 3 EL brauner Zucker • 5 EL Sojasauce • 1 TL Harissa (oder 1 TL Sambal Oelek)

Die Erdnusskerne in einer fettfreien Pfanne anrösten, bis sie zu duften beginnen. Abkühlen lassen und in einer Küchenmaschine mahlen.

Die Limette auspressen, Knoblauch häuten und durchpressen.

Den Zucker mit den gemahlenen Nüssen vermischen. Dann Limettensaft, Sojasauce, Harissa und vorsichtig so viel Wasser einrühren, bis eine cremige Konsistenz erreicht ist. Zum Schluss den Knoblauch unterrühren und die Sauce mindestens eine Stunde durchziehen lassen.

Bananen-Curry-Dip

Diese Sauce ist in wenigen Minuten zubereitet und verleiht Geflügel oder auch Schweinefleisch eine fruchtig asiatische Note. Man kann natürlich auch einfach Brotstücke hineindippen – Fans von Curry-Frucht-Mischungen löffeln sie auch gerne pur.

Die Menge des Currypulvers sollte man je nach verwendeter Sorte – ob mild oder scharf – nach eigenem Geschmack individuell bemessen.

Zutaten: 1 reife Banane • $1/2$ Zitrone • 200 g Crème fraîche • 150 g Vollmilchjoghurt • 1–2 TL Currypulver • Salz

Die Banane mit einer Gabel fein zerdrücken, Zitrone auspressen und den Saft mit dem Bananenmus verrühren.

Crème fraîche, Joghurt und Banane gut miteinander verquirlen und mit Curry und einer Prise Salz würzen, 30 Minuten ziehen lassen.

Vor dem Servieren sollte man den Dip noch einmal mit Curry und bei Bedarf auch mit Salz und Zitronensaft abschmecken.

Süß-saurer Asia-Dip

Diese süß-saure Sauce harmoniert gut mit Geflügel wie den Flügeln (S. 162) oder den Putenspießen (S. 164). Sie passt aber auch gut zu Erdnuss-Fischstäbchen (S. 196).

Zutaten: 1 kleine Zwiebel • 3 cm frische Ingwerwurzel • 1/2 rote Paprikaschote • 2 EL Sesam-Öl • 150 ml Gemüsebrühe • 3 EL Ketchup • 4 EL Essig (Reis- oder Weißweinessig) • 2 EL brauner Zucker • 1 EL Sojasauce • 1 1/2 EL Speisestärke

▬ Zwiebel und Ingwer schälen, Paprikaschote waschen, alles fein würfeln.

▬ Das Öl in einer Pfanne erhitzen, Zwiebel, Paprika und Ingwer darin andünsten.

▬ Mit Brühe aufgießen. Ketchup, Essig, Zucker und Sojasauce miteinander verrühren, in die Brühe geben und alles aufkochen lassen.

▬ Die Stärke mit wenig Wasser glattrühren und in die kochende Sauce rühren. Abschmecken und abkühlen lassen. Abgedeckt im Kühlschrank aufbewahren und vor dem Servieren noch einmal gut durchrühren.

Exotisches Chutney

Dieses fruchtige Chutney kann man sehr gut vorbereiten. Die fruchtige Sauce passt zu den Hühnchen-Empanadas (S. 160) oder auch zu den Mini-Mandel-Schnitzeln (S. 166).

Zutaten: 20 g Pinienkerne • 1 Mango • 3 Aprikosen • 3 Scheiben Ananas • 2 Stücke kandierter Ingwer • 1 Schalotte • 1 rote Chilischote • 1 unbehandelte Limette • 50 g brauner Zucker • 100 ml Weißwein • 1 Spritzer Essig

Pinienkerne in einer trockenen Pfanne leicht anrösten. Mango schälen, das Fruchtfleisch vom Kern schneiden und fein würfeln. Aprikosen, Ananas und Ingwer ebenfalls in Würfel schneiden. Schalotte häuten, Chilischote entkernen und beides sehr fein hacken. Limette heiß abwaschen, trocknen, die grüne Schale abreiben und die Frucht auspressen.

Zucker in einem Topf karamellisieren und Schalotten-, Mango-, Aprikosen-, Ananas-, Ingwer-, Chilistücke sowie den Limettenabrieb hinzugeben und vermischen.

Mit Weißwein und Limettensaft ablöschen und so lange köcheln lassen, bis die Sauce dick einreduziert ist. Mit einem Spritzer Essig verfeinern. Das Chutney abkühlen lassen und zum Schluss die Pinienkerne untermischen.

Tomatensalsa

Diese scharfe Tomatensalsa hat ihren Ursprung in der mittelamerikanischen Küche. Dort wird sie oft noch mit Koriandergrün abgerundet – dies ist geschmacklich aber nicht jedermanns Sache. Setzt man statt der Chilischote Knoblauch zum Schärfen der Sauce ein, bekommt sie einen eher mediterranen Charakter.

Zutaten: 1 Pfund reife Tomaten • 1 rote Chilischote • 1 EL Limettensaft • Salz • 1 Prise Zucker • Tabasco

Tomaten häuten, halbieren, Saft und Kerne herausdrücken; das Fruchtfleisch fein schneiden oder pürieren.

Chilischote längs aufschneiden und die Kerne entfernen. Nun die Schote erst in feine Ringe, dann in Würfelchen schneiden. Chilistückchen zu den Tomaten geben.

Die Mischung nun mit Limettensaft, Salz und Zucker würzen und mit etws Tabasco abschmecken.

Tipp: Hat die Sauce Zeit zum Durchziehen, so entwickelt sich die Schärfe noch. Deshalb beim Zubereiten zunächst nur wenig Tabasco nehmen und lieber vor dem Servieren noch mal abschmecken und bei Bedarf nachwürzen.

Guacamole

Guacamole ist ein fruchtiger Avocado-Dip, der ursprünglich aus der mexikanischen Küche stammt. Er passt wunderbar zu Nachos oder Kräckern und entfaltet auch auf Nuss- oder Körnerbrot ein feines Aroma.

Zutaten: 2 Tomaten • 1 grüne Chili • 1 Schalotte • 1 Limette • 1 reife Avocado • 1 Zweig frischer Koriander • Salz • Pfeffer

▬ Tomaten häuten, Kerne entfernen, das Fruchtfleisch in kleine Stückchen schneiden. Chilischote längs aufschneiden, die Kerne entfernen und die Schote fein hacken. Schalotte schälen und sehr fein würfeln. Die Limette auspressen.

▬ Avocado längs halbieren, den Kern herauslösen und die Frucht schälen. Das Fruchtfleisch mit einer Gabel zerdrücken. Mit der Hälfte des Limettensaftes begießen, damit es nicht braun wird. Koriander waschen, trockenschütteln, die Blätter vom Stiel zupfen und fein hacken.

▬ Alle Zutaten miteinander vermischen, mit Salz und Pfeffer abschmecken und nach Geschmack mit restlichem Limettensaft nachwürzen. Wer eine cremige Konsistenz erreichen möchte, kann die Sauce abschließend kurz pürieren.

Aufstriche

Sie sind köstliche Grundlage für Brotbelag wie Käse und Fleisch – oder eine konkurrenzlose Alternative: Aufstriche, die sich im Gegensatz zu Saucen und den meisten Dips durch ihre etwas festere Konsistenz auszeichnen. Sie lassen sich gut vorbereiten – meist auch in größeren Mengen. Zudem halten sie in der Regel im Kühlschrank einige Tage.

Der bekannteste Brotaufstrich ist Butter. Sie ist nicht nur pur schon ein Genuss, sondern auch sehr wandelbar. So schmeckt sie mit Kräutern ebenso köstlich wie z. B. mit fruchtigem Pfeffer.

Aus Frankreich kommt die Tapenade – eine pikante Olivenpaste, die als Brotaufstrich und als Dip beliebt ist. Aufstriche aus Gemüse erfreuen sich nicht nur bei Vegetariern zunehmender Beliebtheit. Man bereitet sie aus gegartem und püriertem Gemüse oder auch aus frischer Rohkost zu. Nicht zuletzt kommen auch Kräuter, Gewürze und selbst Nüsse als Grundzutaten für pikante Aufstriche zu aromatischen Ehren. In Verbindung mit feinem Öl, Quark oder Crème fraîche lassen sie sich immer wieder neu variieren.

Walnuss-Paprika-Creme

Frisch aufgebackenes Fladenbrot und diese fruchtig-nussige Creme gehen beim Dippen eine ideale Verbindung ein. Auf kleine Kräcker oder Brotchips gestrichen und mit Walnusshälften oder Paprikastreifen garniert lässt sich diese Creme mit orientalischer Note aber auch gut zum Aperitif reichen.

Zutaten: 2 rote Spitzpaprikaschoten • 2 Knoblauchzehen • 4 Scheiben Zwieback • 100 g Walnusskerne • 4 EL kaltgepresstes Olivenöl • 2 TL Harissa • 1 Prise Salz

▬ Paprikaschoten halbieren, säubern, trocken tupfen. Etwa 1/8 der Schote in feine Streifen schneiden und aufbewahren, restliche Paprika in grobe Stücke schneiden.

▬ Knoblauch häuten und fein würfeln. Den Zwieback in Stücke brechen.

▬ Einige Walnusskerne beiseite legen. Die übrigen mit Zwieback, Paprika, Knoblauch, Öl, Harissa und Salz in einen Rührbecher geben. Alles mit dem Blitzhacker oder Pürierstab sehr fein zerkleinern.

▬ Die Paste mit den restlichen Walnüssen und Paprikastreifen garnieren.

Möhren-Ingwer-Creme

Ein fruchtiger Möhren-Aufstrich passt bestens auf kräftiges Körner-, Nuss- oder Knäckebrot. Man kann auch Sandwiches damit verfeinern – dort harmoniert er gut mit Hähnchenaufschnitt oder mit gekochten Eiern.

Zutaten: 3 Möhren • 1 kleiner säuerlicher Apfel • 2 EL Zitronensaft • ca. 2 cm frische Ingwerwurzel • 150 g Crème fraîche • $1/2$ TL Curry • Salz • 1 Prise Zucker

■ Die Möhren waschen, bei Bedarf schälen und fein reiben. Apfel schälen, ebenfalls fein reiben und mit den Möhren vermischen. Zitronensaft unter die Apfel-Möhren mischen.

■ Ingwer schälen und sehr fein hacken. Crème fraîche und Ingwer mit der Rohkost verrühren und mit Curry, Salz und Zucker abschmecken.

Oliventapenade

Diese Tapenade wird in Südfrankreich, aber auch in Italien gerne zu Brot oder Toast und auch zu Gemüse gegessen. Die Sardellenfilets verleihen ihr einen sehr deutlichen Fischgeschmack – wer ihn nicht mag, lässt die Sardellen weg. Am besten lässt sich die Paste mit einem Pürierstab oder einer entsprechenden Küchenmaschine zubereiten.

Zum Aufbewahren gibt man eine dünne Schicht Olivenöl auf die Tapenade, und stellt diese dann unter Folie oder in einem verschlossenen Glas in den Kühlschrank. Dort hält sie sich eine gute Woche.

Zutaten: 2 Knoblauchzehen • 200 g entsteinte schwarze Oliven • 70 g Sardellenfilet • 100 g Kapern • 100 ml Olivenöl • schwarzer Pfeffer

▬ Knoblauchzehen häuten und grob hacken. Oliven, Sardellen, Kapern und Knoblauch in einen Mixbecher füllen und fein pürieren.

▬ Das Olivenöl hinzufügen und schwarzen Pfeffer darüber mahlen. Die Zutaten nun so lange mixen, bis sich Olivenöl und Fruchtmus zu einer gleichmäßigen, homogenen Masse verbunden haben.

Pikante Butter

Ob frisch mit Gartenkräutern, scharf mit Knoblauch, fruchtig mit Orange oder extravagant mit Oliven: Aus Butter lässt sich immer wieder ein schneller Aufstrich z. B. als Basis für diverse Brot-Snacks zubereiten. Zum Verarbeiten sollte die Butter Zimmertemperatur haben.

Kräuterbutter: 125 g weiche Butter • frische Kräuter nach Belieben (z. B. Schnittlauch, Petersilie, Kresse, Dill) • Salz • Pfeffer • 1 Spritzer Zitronensaft

▬ Die gewaschenen und trockenen Kräuter wiegen, mit der Butter verrühren und mit Salz, Pfeffer und Zitronensaft abschmecken.

Rote Pfefferbutter: 125 g weiche Butter • 1 Schalotte • 2 EL frisch gepresster Organgensaft • 1 EL roter Pfeffer • 1 Msp. Pimentpulver

▬ Die Schalotte häuten und sehr fein würfeln. Die roten Pfefferkörner in einem Mörser zerstoßen.

▬ Den Orangensaft – am besten mit einer Gabel – in die Butter einarbeiten, Schalottenwürfel, Pfeffer und Piment unterrühren.

Feines mit Fleisch

Herzhafter Genuss

Vielseitig und wandelbar

Von kalten Bratenröllchen oder kleinen Wurstspießen über deftige Hackbällchen und würzige Geflügelkeulen bis hin zu feinen Filets oder exotischem Tatar: Beim Fleisch finden sich für jeden Anlass und Geschmack viele Köstlichkeiten, die sich einfach aus der Hand essen lassen. Einige – wie Salami- oder Würstchenspieße – sind ganz fix gemacht, andere – wie Empanadas oder marinierte Putenspieße – erfordern etwas mehr Zeit fürs Kochen und Anrichten.

Optisch läuft Fleisch oft erst mit farbigen Partnern zu echter Hochform auf: So wird ein einfaches Cocktailwürstchen zusammen mit einer knallroten Tomatenscheibe und einem frisch-grünen Salatblatt zu einem originellen Häppchen, und so lässt erst ein dekoratives Topping ein Schweinemedaillon richtig appetitlich erscheinen.

Die weiteren Zutaten sollten dabei natürlich den Eigengeschmack des „Hauptdarstellers" Fleisch nicht stören, sondern mit ihm harmonieren.

Hack-Tomatenbällchen

Diese mediterrane Hackbällchen-Variante mit getrockneten Tomaten, Knoblauch und Kräutern harmoniert gut mit frischen Dips oder Tomatensalsa (S. 138). Da sie im Ofen gegart werden, spart man viel Zeit am Herd. Natürlich eignen sich auch alle anderen Bällchen-Rezepte für Fingerfood.

Zutaten (für ca. 30 Stück): 500 g gemischtes Hackfleisch • 1/2 Tasse Rotwein • 5 getrocknete Tomaten • 1 mittelgroße Zwiebel • 2 Knoblauchzehen • 1 Ei • 2 EL Semmelbrösel • 1 TL Kräutersenf • 1 EL getrocknete italienische Kräuter • Salz • schwarzer Pfeffer

▬   Den Rotwein erwärmen und die getrockneten Tomaten darin etwa 10 Minuten einweichen. Dann abtropfen lassen und in sehr kleine Stücke schneiden.

▬   Zwiebel und Knoblauch schälen und fein würfeln. Alle Zutaten und Gewürze zum Hackfleisch geben und gut vermengen.

▬   Mit angefeuchteten Händen nun etwa 30 kleine Bällchen formen. Diese auf ein eingeöltes Backblech legen und im vorgeheizten Ofen bei 200 °C auf der mittleren Schiene etwa 15 Minuten garen.

Tatar-Ingwerbällchen

Diese Tatarbällchen sind eine winzige, aber ganz besondere Köstlichkeit und bestechen durch die würzige Schärfe und ihren nussigen Mantel aus Sesam. Das rohe Tatar sollte ganz frisch verarbeitet werden, die Bällchen müssen gekühlt gelagert und noch am selben Tag verzehrt werden, da hier rohes Fleisch verarbeitet wird.

Zutaten (für ca. 25 Stück): 150 g Rindertatar • 25 g Sesam • 1 Frühlingszwiebel • 15 g eingelegter Ingwer • 1 Eigelb • 6 EL Sojasauce • 1¹/₂ TL Wasabipaste

▬ Sesam in einer beschichteten Pfanne goldgelb rösten; abkühlen lassen. Frühlingszwiebel putzen, die dunkelgrünen Teile schräg in feine Ringe schneiden und für die Deko beiseite legen. Den Rest sehr fein würfeln. Den Ingwer gut ausdrücken und fein hacken.

▬ Tatar mit Eigelb, Zwiebelwürfeln, Ingwer, 1 EL Sojasauce und ¹/₂ TL Wasabipaste gut vermengen. Aus dem Hackteig 25 haselnussgroße Bällchen formen und diese vorsichtig im Sesam wälzen. Mit den Zwiebelringen anrichten.

▬ 5 EL Sojasauce mit 1 TL Wasabipaste verrühren und als Dip zu den Tatarbällchen servieren.

Hühnchen-Empanadas

Empanadas sind gefüllte Teigtaschen, die vor allem in Lateinamerika und auch in Spanien überaus beliebt sind. Die halbmondförmigen Taschen sind meist mit Rind- oder Hühnerfleisch gefüllt und schmecken warm und kalt. Zu dieser Variante mit Hühnchen ist ein fruchtiges Chutney (S. 136) ein perfekter Begleiter.

Zutaten (für ca. 20 Stück): Für den Teig: 250 g Mehl • 1 TL Backpulver • $1/2$ TL Salz • 4 EL Olivenöl • 2 EL trockener Sherry • 150 ml warmes Wasser
Für die Füllung: 200 g gebratene Hähnchenbrust • 1 Ananasscheibe • 1 kleine Zwiebel • Olivenöl • 20 g Rosinen • 20 g geröstete Mandelsplitter • 1 TL gewürfelter Ingwer • Curry • Zum Backen: 2 Eier • 2 EL Milch

▬   Für den Teig Mehl und Backpulver miteinander vermischen. Salz, Öl, Sherry und Wasser zufügen und alles zu einem geschmeidigen Teig verkneten. Mit einem feuchten Tuch abdecken.

▬   Fleisch und Ananas würfeln. Zwiebel sehr fein schneiden und in einer Pfanne in etwas Olivenöl anbraten. Alle anderen Zutaten hinzufügen und ca. 3 Minuten anbraten. Salzen und pfeffern, mit etwas Curry abstäuben.

■ Teig ausrollen und 20 Kreise von etwa 10 cm Durchmesser ausstechen. Eier trennen. In die Mitte jedes Teigstücks je einen Löffel Füllung geben, den Rand mit etwas Eiweiß einstreichen, den Teig zusammenklappen und den Rand mit einer Gabel zusammendrücken.

■ Eigelb mit Milch verquirlen, die Empanadas damit bestreichen. Auf einem mit Backpapier ausgelegten Backblech etwa 20 Minuten bei 180 °C backen.

Hähnchenflügel

Hähnchenflügel sind ein feiner Knabberspaß und passen zu vielen Dips und Saucen. Hier werden sie vor dem Grillen über Nacht mariniert. Als Dip passen die süß-saure-Sauce (S. 134) oder auch eine scharfe Tomatensalsa (S. 138).

Zutaten (für ca. 14 Flügel): 1 kg Hähnchenflügel • 3 EL flüssiger Honig • 3 EL Zitronensaft • 1/2 TL Kreuzkümmel • 1/2 TL Korianderpulver • Pfeffer • Salz • 2 EL Öl

▬ Am Vortag die Hähnchenflügel abspülen, trockentupfen und dann jeweils im Gelenk auseinandertrennen. Honig mit Zitronensaft, Gewürzen und Öl verrühren. Die Hähnchenflügel mit der Marinade übergießen und darin wenden. Über Nacht im Kühlschrank durchziehen lassen.

▬ Zum Grillen den Backofen auf 220 °C vorheizen. Den Grillrost ölen, um Anbrennen zu vermeiden. Die marinierten Hähnchenteile aus der Marinade nehmen, abtropfen lassen und auf den Grillrost legen.

▬ Eine Fettwanne in den Ofen schieben, Grillrost darüber stellen. Das Fleisch etwa 30 Minuten braten. Bei Bedarf am Ende der Garzeit den Grill zuschalten, dann werden die Flügel besonders kross.

Putenspieße

Diese Putenspieße bekommen durch Fenchelsamen ein unverwechselbares Aroma. Besonders köstlich schmecken sie mit Erdnuss-Dip (S. 130) oder Bananen-Curry-Sauce (S. 132).

Zutaten (für ca. 20 Stück): 400 g Putenschnitzelfleisch • 1 Limette • 1 Msp. brauner Zucker • 3 EL Sojasauce • 3 EL Sesamöl • $1/2$ TL Zitronenpfeffer • 1 TL Fenchelsamen • kleine Holzspieße (30 Minuten gewässert)

■■■ Putenschnitzel kalt abspülen, trockentupfen und in schmale Streifen schneiden. In eine flache Schüssel geben.

■■■ Limette auspressen, Saft mit Zucker, Sojasauce, Öl und Zitronenpfeffer verrühren. Fenchelsamen im Mörser leicht zerstoßen und zur Marinade geben. Die Fleischstreifen mit der Marinade übergießen und mindestens 2 Stunden im Kühlschrank durchziehen lassen.

■■■ Das Fleisch aus der Marinade nehmen, abtropfen lassen und wellenartig auf Holzspießchen stecken. Auf ein eingeöltes Backblech legen.

■■■ Im vorgeheizten Backofen bei 250 °C etwa 15 Minuten braten.

Mini-Mandel-Schnitzel

Kleine Schnitzelchen in mundgerechten Häppchen schmecken warm und kalt nicht nur zu Salat, sondern auch mit verschiedensten Dips oder Saucen – z.B. fruchtig mit Bananen-Curry-Dip (S. 132) oder Chutney (S. 136), mit Erdnuss-Dip (S. 130) oder auch scharf mit Harissa-Dip (S. 128).

Zutaten (für 16 Stück): 2 dünne Kalbsschnitzel • Salz • Pfeffer • 1 Ei • 3 EL Mehl • 3 EL Paniermehl • 100 g Mandelblättchen • Butterschmalz zum Braten

■ Fleisch trockentupfen, leicht salzen und pfeffern und jeweils in 8 Streifen schneiden.

■ Das Mehl in einen tiefen Teller geben. Das Ei in einem zweiten tiefen Teller verquirlen. In einem weiteren Teller Semmelbrösel und Mandelblättchen vermischen.

■ Die Fleischstücke jetzt zuerst im Mehl wenden, dann durch das vorbereitete Ei ziehen und schließlich in der Mandelpanade wälzen.

■ Butterschmalz in einer Pfanne erhitzen und die Fleischstückchen darin goldbraun braten. Anschließend auf Küchenpapier abtropfen lassen.

Schweine-Medaillons

Für kleine Filet-Medaillons mit unterschiedlichen Toppings brät man zunächst zwei Schweinefilets in heißem Butterschmalz, lässt sie abkühlen und schneidet sie in 1 bis 2 cm dicke Scheiben. Das ergibt insgesamt etwa 18 Medaillons. Hier drei Vorschläge für unterschiedliche Dekorationen:

Paprika-Garnitur: 1/2 rote Paprikaschote in feine Streifen schneiden, eine Pfanne mit einer halben Knoblauchzehe ausreiben; 1 EL Olivenöl darin erhitzen und die Paprikastreifen kurz andünsten. Herausnehmen und nun 3 EL Mais kurz in der Pfanne anschwenken. Auf dem Filet anrichten.

Frucht-Garnitur: 1 Mango schälen, in schmale Spalten schneiden, mit etwas Zitronensaft bepinseln. 50 g Frischkäse mit 1 EL Sahnemeerrettich und 1 EL Preiselbeeren verrühren, mit Salz abschmecken. Je einen Klecks auf ein Medaillon geben, darauf die Mangostreifen verteilen, mit gehackten Pistazien bestreuen.

Schnelle Garnitur: Je einen Klecks Remoulade auf die Fleischstücke geben und einige abgetropfte Mixed Pickles darauf anrichten.

Filet im Schinkenmantel

Ein Schinkenmantel verleiht kleinen gebratenen Schweine-filet-Medaillons besondere Würze. Zu welcher Art von Schinken man dabei greift – ob zu edlem Serrano, kräftigem Schinkenspeck oder würzig geräuchertem – bleibt dem eigenen Geschmack überlassen. Die Filetröllchen schme-cken übrigens nicht nur warm, sondern auch kalt sehr gut.

Zutaten (ca. 14 Stück): 2 Schweinefilets • Salz • 150 g roher Schinken • 1 EL Butterschmalz

■ Die Schweinefilets in ca. 3 cm dicke Scheiben schnei-den und von einer Seite leicht salzen. Die Schinkenscheiben je nach Größe einmal durchschneiden und jeweils 1 Stück Fleisch mit 1 Scheibe Schinken umwickeln.

■ Die Filetstücke in Butterschmalz von jeder Seite ca. 1 Minute anbraten (das Fett darf nicht zu heiß sein).

■ Das Fleisch in eine feuerfeste Form legen und im vor-geheizten Backofen bei 200 °C für 5 Minuten ziehen lassen.

Bratenröllchen

Kalter Braten lässt sich vielfältig verfeinern und anrichten. Dabei kommt es vor allen Dingen auch auf die Optik an. Bei diesem Rezept wird Geflügel mit knackigen Chinakohlstreifen und Ananas kombiniert. Aus den Resten des Chinakohls kann man einen Salat zubereiten.

Zutaten (für 12 Röllchen): 12 Scheiben Putenbraten-Aufschnitt • 4 Chinakohlblätter • Saft $1/2$ Orange • 2 EL weißer Balsamico-Essig • $1/2$ TL Currypulver • 1 Prise Zucker • 4 EL Frischkäse • 2 Scheiben Ananas

▬ Die Kohlblätter waschen und trockentupfen. Die festen weißen Teile in sehr feine Streifen schneiden (etwas länger als der Aufschnitt breit ist).

▬ Orangensaft mit Essig, Curry und Zucker verrühren. Die Kohlstreifen etwa 15 Minuten darin marinieren.

▬ Den Frischkäse mit 1 EL der Marinade verrühren. Die Chinakohlstreifen in einem Sieb abtropfen lassen. Die Bratenscheiben jeweils dünn mit dem Frischkäse bestreichen. Dann je einige Kohlstreifen darauflegen und einrollen. Die Ananas in kleine Stücke schneiden und mit einem kleinen Spieß auf den Röllchen befestigen.

Würstchen-Spieße

Kleine Türmchen auf Toast lassen sich mit zahlreichen Zutaten bauen – hier wurde beim Hot Dog abgekupfert. Statt wie hier kleine Cocktailwürstchen zu verwenden, kann man die Spieße auch mit Fleischwurst anrichten.

Zutaten (für 12 Stück): 12 Cocktailwürstchen • 4 mittelgroße Salatblätter • 4 Scheiben Toast • 2 hartgekochte Eier • 3 mittelgroße Tomaten • 2 Essiggurken • Salz • Pfeffer • Remoulade • 12 Silberzwiebeln • Spieße

■■■ Die Salatblätter waschen, trockenschleudern und beiseite legen. Aus jeder Toastscheibe mit einem Schnapsglas drei runde Taler ausstechen.

■■■ Gekochte Eier, Tomaten und Essiggurken in Scheiben schneiden. Tomaten zusätzlich salzen und pfeffern.

■■■ Die Toasttaler mit Remoulade bestreichen und jeweils mit einer Scheibe Ei und Tomate belegen. Die Salatblätter in 12 gleiche Stücke teilen und darauf legen.

■■■ Silberzwiebel, Cocktailwürstchen und Gurkenscheibe auf einen Spieß stecken und diesen in den belegten Toasttaler stecken. Nach Belieben mit Salz und Pfeffer würzen.

Salami-Spieße

Ganz schnell sind kleine Salami-Spieße gezaubert, die je nach verwendeter Sorte ganz unterschiedlich schmecken. Ob man eine oder auch zwei verschiedene Salamiarten auf einen Spieß steckt oder statt dünner Scheiben etwas dickere Stücke verwendet, kann man je nach Angebot des Metzgers entscheiden.

Delikat lassen sich spanische Salamis wie Chorizo und Fuet kombinieren, die eine meist scharf mit Paprika und Knoblauch, die andere eher süßlich im Geschmack. Aus der Vielfalt der italienischen Salamis empfiehlt sich z.B. eine toskanische Finocchiona – hier sorgen unter anderem Fenchelsamen und Wein für ein unvergleichliches Aroma. Dabei gilt aber immer: Die kleinen Köstlichkeiten sollten besonders liebevoll angerichtet und präsentiert werden, zum Beispiel, indem man die Salamischeiben vor dem Aufspießen zu kleinen Rosetten rollt.

Zutaten (für 20 Portionen): 20 mittelgroße Salamischeiben • 20 Oliven (schwarz und grün) • Spieße

▬ Die Salamischeiben locker rosettenartig zusammenlegen. Dann eine Scheibe jeweils mit einer Olive auf einen Spieß stecken.

Fisch-Happen

Köstliches aus dem Meer

Delikate Vielfalt: Roh oder gekocht

Fischfans kommen auch beim Fingerfood voll auf ihre Kosten. Die Palette origineller Snacks bietet weitaus mehr als einfache Lachscanapés. Es stehen die unterschiedlichsten Varianten zur Wahl, die Köstlichkeiten der Weltmeere zuzubereiten und anzurichten: Ob in Form von Tatar, als Röllchen oder im japanischen Gewand als Sushi.

Vor allem für Gerichte mit rohem Fisch ist die Qualität von entscheidender Bedeutung. Daher kauft man ihn am besten immer ganz frisch beim Fischhändler seines Vertrauens. Eine wichtige Grundregel lautet, die Kühlkette nie zu unterbrechen. Schon für den Transport der Ware nach Hause sollte man immer eine Kühltasche benutzen. Zuhause sollte roher Fisch immer am selben Tag verarbeitet – und verzehrt – werden.

Geräucherter, gebackener oder auch frittierter Fisch ist weniger empfindlich, aber auch hier gilt es, die Produkte möglichst schnell zu verbrauchen.

Maki-Sushi

Kleine Sushi-Röllchen präsentieren sich als optisch äußerst attraktive Häppchen auf dem Büffet. Da der Fisch roh verwendet wird, muss er besonders frisch sein. Am besten bestellt man ihn beim Fischhändler seines Vertrauens mit dem Hinweis, dass er für Sushi benötigt wird!

Die Noriblätter sollte man geröstet kaufen, da sie sonst oft zäh sind. Man bekommt sie – genau wie die Wasabipaste (japanischer Meerrettich) im Asia-Lebensmittelmarkt.

Zutaten (für 12 Portionen): 250 g Sushireis • 3 TL Salz
• 3 TL Zucker • 4 EL heller Reisessig • 150 g frisches Thunfisch- oder Lachsfilet • 2 Noriblätter • 4 Msp. Wasabipaste
• 1 Bambusmatte (Bambus-Tischset) zum Rollen

▬ Reis 10 Minuten in reichlich Wasser einweichen, sodass sich die Stärke löst. Dann so lange abspülen, bis das Wasser klar bleibt. Abtropfen lassen.

▬ 300 ml Wasser aufkochen, den Reis darin 2 Minuten kochen, dann bei kleiner Hitze ausquellen lassen.

▬ Salz und Zucker in Essig auflösen und den Sud unter den abgekühlten Reis mischen. Den Reis mit einem feuch-

ten Tuch abdecken, damit er nicht
austrocknet.

■ Fischfilet in 5 cm lange, circa
1 cm breite Streifen schneiden. Ein
Noriblatt auf die Bambusmatte legen. Eine etwa 0,5 cm dünne Reisschicht auf das Blatt auftragen. Am
oberen Rand 1 cm frei lassen.

■ Mittig etwa 2 Messerspitzen
Wasabipaste auf den Reis streichen
– sie ist extrem scharf. Den Fisch in
einem schmalen Streifen auf den
Reis legen.

■ Nun das Noriblatt mithilfe
der Bambusmatte von unten her
zu einer festen Rolle aufwickeln.
Diese anschließend in etwa 3 cm
breite Stücke schneiden. Mit dem
anderen Noriblatt genauso verfahren.

Serviertipp: Sushi isst man
stilecht mit Stäbchen. Zuvor taucht
man die Röllchen in Sojasauce.
Gut schmeckt auch klein ge-
schnittener, eingelegter Ingwer
dazu.

Thunfisch-Gemüse

Mit einer köstlichen Thunfischcreme, die fruchtig mit Ananas abgeschmeckt ist, lassen sich z.B. kleine Tomaten oder auch blanchierte Zucchini-Stücke füllen.

Zutaten (für 12 Tomaten): 1 Dose Thunfisch in Öl (ca. 135 g Abtropfgewicht) • 3 EL Salatcreme • 1 Ring Ananas • 12 Cocktailtomaten • 3 EL Balsamico-Essig (rot) • 6 EL Olivenöl • Salz • Pfeffer • 1 Prise Zucker

▬ Thunfisch in ein feines Sieb geben und das Öl ablaufen lassen. In einen Rührbecher geben, Salatcreme hinzufügen und beides mit dem Pürierstab aufmixen. Ananas sehr fein würfeln und unter die Thunfischmasse heben.

▬ Tomaten waschen, trocknen, einen Deckel abschneiden und die Frucht aushöhlen.

▬ Essig, Öl und Gewürze zu einer Vinaigrette verrühren und jeweils etwas davon in die ausgehöhlten Tomaten geben. Abgedeckt etwa 15 Minuten ziehen lassen.

▬ Die Thunfischmasse in einen Spritzbeutel mit Lochtülle füllen und die Masse dann in das vorbereitete Gemüse spritzen.

Lachstatar

Zutaten (für 8 Stück): 150 g frischer Lachs • 1 cm frische Ingwerwurzel • 1 EL Limettensaft • Salz • Pfeffer • 1 Bund Dill • 2 Scheiben Toast • 1 EL Rapsöl
Zum Anrichten: etwas Salatcreme • einige Radicchio-Blätter • etwas Ingwer-Sirup • 1 Chicorée

■ Lachs im Eisschrank leicht anfrieren lassen und anschließend sehr fein würfeln. Ingwer schälen und reiben.

■ Ingwer und Limettensaft verrühren und mit Salz, Pfeffer und etwa 1 EL Dillspitzen zu den Fischwürfeln geben.

■ Aus den Toastscheiben mit einem Schnapsglas je vier Kreise ausstechen. In Rapsöl von beiden Seiten leicht rösten und abkühlen lassen.

■ Die Toaststücke mit etwas Salatcreme bestreichen, je ein Stück eines Radicchioblatts darauf legen, einige Ingwer-Siruptropfen darauf träufeln.

■ Chicorée waschen, Strunk großzügig abschneiden und Blätter lösen. Jeweils etwas Lachstatar in eine Chicoréespitze geben und auf die vorbereiteten Toastscheiben setzen. Mit Dillspitzen garnieren.

Lachsröllchen

Zutaten (für etwa 18 Stück): 6 Scheiben Räucherlachs •
1 geräuchertes Forellenfilet • 1 EL Crème fraîche • 2 Msp.
Sahnemerrettich • Salz • Pfeffer • 1 Spritzer Zitronensaft
Zum Garnieren: Schnittlauch

■ Das geräucherte Forellenfilet mit 1 EL Crème fraîche
und 1 Msp. Sahnemerrettich pürieren und mit Salz, Pfeffer
sowie Zitronensaft abschmecken.

■ Die Lachsscheiben mit der Forellencreme bestreichen.
Dabei ringsum einen schmalen Rand frei lassen, damit die
Creme beim Rollen nicht herausquillt. Nun die Lachsschei-
ben von der schmalen Seite her vorsichtig aufrollen.

■ Schnittlauch einige Minuten in Wasser einweichen, anschließend mit Küchenpapier trockentupfen. Nun jeweils
einige Schnittlauchhalme wie Geschenkbändchen um die
Lachsröllchen wickeln und vorsichtig zuknoten.

■ Die Lachsröllchen anschließend etwa 5–10 Minuten
schnittfest anfrieren. Dann in drei Zentimeter breite Stücke
schneiden und anrichten.

Küstenhappen

Diese Küstenhappen werden mit frischen Matjesfilets zubereitet. Stattdessen kann man natürlich auch andere geeigne-
te Fischsorten benutzen. Verwendet man eingelegte Filets,
sollte man diese zunächst wässern, damit die Happen nicht
zu salzig werden. Die Salatblätter runden sowohl den Geschmack als auch die Optik ab.

Zutaten (für 12 Stück): 4 Matjesfilets (natur) • 1 kleine
Zwiebel • 1 Msp. mittelscharfer Senf • 1 Spritzer Balsa-
mico-Essig (weiß) • 1 EL Schmand • 1 EL Preiselbeeren •
2–3 Laugenstangen • einige Salatblätter • Dillspitzen

▬ Fischfilets abspülen und trockentupfen. Filets quer in
1 cm breite Streifen schneiden. Zwiebel fein würfeln und
mit mittelscharfem Senf und Balsamico verrühren. Vorsichtig mit den Fischstreifen vermischen.

▬ Schmand mit Preiselbeerkonfitüre verrühren. Laugenstangen schräg in 12 nicht zu dünne Scheiben schneiden.
Jeweils erst ein Salatblatt, dann eine Portion Fisch daraufgeben.

▬ Zum Schluss die Häppchen mit jeweils einem kleinen
Tupfer Preiselbeerschmand und etwas Dill garnieren.

Garnelen mit Zitronenbutter

Schnell und unkompliziert zuzubereiten, schmeckt herrlich frisch und ist eine köstliche Variante mal ohne Knoblauch.

Zutaten (für 12 Spieße): 36 Garnelen (ca. 250 g) • 125 g Butter • 2 Bio-Zitronen • Salz • 3 Rucola-Blätter

■■ Die Butter weich werden lassen. Zitronen heiß abwaschen und trocknen. Mit einem Zestenreißer feine Streifen abhobeln und beiseite legen. Eine halbe Zitrone auspressen, 1 EL Saft unter die weiche Butter rühren, mit Salz abschmecken, in ein Schälchen geben und kalt stellen.

■■ Die restlichen Zitronen in Scheiben schneiden und vierteln. Rucola waschen und in feine Streifen schneiden.

■■ 50 g Zitronenbutter in einer großen Pfanne erwärmen. Die Garnelen darin etwa 2 Minuten dünsten, zum Schluss den Rucola dazugeben.

■■ Je 3 Garnelen abwechselnd mit Zitronenvierteln auf Spieße stecken.

■■ Dazu gerösteten Toast oder Baguette und die restliche Zitronenbutter servieren.

Krabben-Pasteten

Zutaten (für 12 Stück): 9 Platten TK-Blätterteig • 3 EL flüssige Butter • 1 Eigelb • 1 EL Milch
Für die Füllung: 150 g Crème fraîche • 1 TL Ketchup • 1 EL Cognac • 1 Msp. Meerrettich • Salz • Pfeffer • 50 ml geschlagene Sahne • 150 g Krabben • Dill

▬ Die Blätterteigplatten auftauen. Mit etwas Butter bestreichen und jeweils drei Platten übereinanderlegen. Mit dem Nudelholz etwas zusammendrücken. Aus Backpapier eine Schablone in Fischform ausschneiden. Die Größe so bemessen, dass man aus einem Blätterteig-Rechteck 4 Fische ausschneiden kann, also insgesamt 12 Fischepasteten erhält.

▬ Eigelb und Milch verrühren, die Pasteten damit bestreichen und im vorgeheizten Ofen bei 200 °C auf mittlerer Schiene 10–15 Minuten goldgelb backen. Abkühlen lassen.

▬ Creme fraîche mit den übrigen Zutaten verrühren, zum Schluss die Sahne und die Krabben unterheben.

▬ Die Pasteten quer durchschneiden, jeweils einen Löffel Krabbencreme auf die untere Hälfte streichen und die obere Hälfte wie einen Deckel aufsetzen. Mit Dill garnieren.

Erdnuss-Fischstäbchen

Für selbst gemachte Fischstäbchen empfiehlt sich Rotbarsch- oder anderes festes Fischfilet. Tiefgefrorener Fisch lässt sich hier besser verarbeiten. Zum nussigen Geschmack der knusprigen Fischstäbchen passen süß-saure-Sauce (S. 134) oder Joghurt-Minz-Sauce (S. 126) besonders gut.

Zutaten (für etwa 10 Stück): 2 Rotbarschfilets (je ca. 140 g) • 100 g ungesalzene Erdnusskerne • 3 EL Semmelbrösel • Mehl zum Wenden • 1 Ei • 75 ml Öl

▬ Die Erdnusskerne in nicht zu kleine Stücke hacken und mit den Semmelbröseln vermischen.

▬ Die Rotbarschfilets in Stäbchen von je etwa 3 x 7 cm schneiden.

▬ Mehl, verquirltes Ei und die Panade in drei Teller geben. Die Fischstäbchen im Mehl wenden, durch das Ei ziehen und in den Erdnussbröseln wälzen.

▬ Die Fischstäbchen in Öl von jeder Seite bei mittlerer Hitze 3–4 Minuten braten und anschließend auf Küchenpapier abtropfen lassen.

Gemüse & Rohkost

Gemüse & Rohkost

Es bringt Farbe auf den Tisch, ist dekorativ und überaus vielseitig zu verarbeiten – Gemüse. Ob Wurzeln oder Knollen, Blätter oder Früchte, ob roh oder gedünstet, gefüllt oder gewickelt, gebacken oder frittiert – Gemüse und Rohkost präsentieren sich immer wieder neu, sind vielfältig zu kombinieren und liefern obendrein noch viele Nährstoffe und Vitamine für gesunden Genuss.

Viele Gemüsesorten machen schon beim puren Anblick Appetit – ob saftige Melonen-Gurkenspieße, leuchtend rote Tomaten oder bunte Paprika. Andere verwandeln sich beim Zubereiten in attraktive Häppchen, die die Neugier auf ihre Füllung wecken wie kleine Röllchen aus Auberginen oder verlockend duftende, attraktive Teigpäckchen.

Für perfekte Optik und besten Genuss sollte man Gemüse mit Sorgfalt auswählen und stets möglichst frisch zubereiten.

Rohkost zum Dippen

Frisches Gemüse statt fettiger Kartoffelchips – mit Rohkost macht das Knabbern besonderen Spaß, denn sie ist nicht nur knackig, sondern vor allem kalorienarm. Wird ein leichter Dip auf Joghurtbasis dazu gereicht, ist der gesunde Snack vollkommen.

Die Auswahl ist riesig: Von Tomaten, Gurke oder Paprika über Radieschen, Rettich und Kohlrabi bis hin zu Sellerie, Fenchel, Chicorée und mehr reicht die bunte Palette.

Für den vollkommenen Genuss sollte das Gemüse immer frisch auf den Tisch kommen. Wer auf Bioprodukte zurückgreift, kann z.B. Gurken ungeschält anbieten, da sich in den Schalen keine chemischen Rückstände befinden.

Zubereiten: Mehrere Sorten Gemüse nach Belieben auswählen. Rohkost immer direkt vor der Mahlzeit zubereiten. Unter fließendem kaltem Wasser waschen, Schmutz von Wurzel- oder Knollengemüse (z.B. Möhren, Radieschen) mit einer Lebensmittelbürste beseitigen.

▬ Die Gemüse in Stifte oder andere handliche Formen schneiden und z.B. in kleinen Gläsern anrichten. Dazu verschiedene Dips reichen.

Melonen-Gurkenspieß

Eine tolle Erfrischung an heißen Sommertagen sind gut gekühlte kleine Spieße aus Gurken- und Melonenstücken. Der perfekte Dip hierzu ist eine Joghurt-Minz-Sauce (S. 126), aber auch mit einem Knoblauch-Dip (S. 120) schmecken sie köstlich. Die Aromen entfalten sich besonders gut, wenn die Spieße gut durchgekühlt sind, die Sauce aber eher Zimmertemperatur aufweist.

Zutaten (für 10 Spieße): 1 kleine Salatgurke • 1 Honigmelone • einige Zweige frische Minze • kleine Spieße

▬ Die Salatgurke schälen und in mundgerechte Würfel schneiden.

▬ Die Melone halbieren und mit einem Löffel die Kerne entfernen. Nun mit einem Kugelausstecher 20 Kugeln ausstechen. Alternativ das Fruchtfleisch mit einem Messer in Würfel schneiden.

▬ Die Minze waschen, trockenschütteln und die Blättchen abzupfen.

▬ Die Spieße abwechselnd mit Gurkenstückchen, Melonenkugeln und Minzblättchen bestücken.

Melone mit Schinken

Schinken und Melone sind eines der Traumpaare der Sommerküche. Erfrischend-leicht und fruchtig-würzig: So präsentieren sie sich an heißen Tagen als klassische Vorspeise, beliebte Zwischenmahlzeit oder natürlicher Stammgast auf dem sommerlichen Partybüffet.

Melonen: Empfehlenswerte Sorten sind die aromatische und mittelsüße Cantaloupe-Melone mit orangefarbenem Fruchtfleisch oder auch die ihr verwandte Charentais-Melone. Wer es besonders aromatisch mag, greift zur Galia-Melone; ihr Fruchtfleisch ist weiß bis grün.

Schinken: Als edler Klassiker gilt luftgetrockneter Parmaschinken – inzwischen wird aber genauso gern spanischer Serrano verwendet. Neben den luftgetrockneten Sorten bieten sich aber auch geräucherte an – äußerst delikat ist beispielsweise mild geräucherter Schinken mit Pfefferrand.

Zubereiten: Melone zunächst durchschneiden und entkernen. Dann in schmale Spalten schneiden, schälen und in kleinere Stücke schneiden, die mit einem Bissen verzehrt werden können. Ein jeweils nicht zu großes Schinkenstück mit einem Spießchen an der Melone befestigen.

Risotto-Tomaten

Reis gilt als beliebte Füllung für kleine, aromatische Tomaten. Italienisches Risotto bietet sich für solche Füllungen
aufgrund seiner leicht cremigen Konsistenz besonders an.
Diese gefüllten Kräuter-Reistomaten schmecken auch gekühlt – dazu kann man eine leichte Joghurt-Sauce reichen.

Zutaten (für 12 Stück): 75 g Risotto-Reis • 1 Schalotte • 10 g Butter • 1 TL italienische Kräuter • 40 ml Weißwein • 180 ml heiße Fleischbrühe • 12 kleine Tomaten

■ Die Schalotte häuten und sehr fein würfeln. Butter in
einem kleinen Topf schmelzen und die Zwiebelwürfel darin
andünsten. Den Reis dazugeben und unter ständigem Rühren andünsten.

■ Kräuter zufügen, den Wein angießen und verkochen
lassen. Bei mittlerer Hitze die Brühe nach und nach angießen und unter Rühren jeweils warten, bis die Flüssigkeit
vom Reis aufgesogen wurde. Wenn alle Flüssigkeit ver-
braucht ist, sollte der Reis al dente sein.

■ Die Tomaten waschen, einen Deckel abschneiden und
die Früchte mit einem kleinen Löffel aushöhlen. Reis einfül-
len. Bis zum Servieren kalt stellen.

Gebackenes Gemüse

In Teig ausgebackenes Gemüse lässt sich am besten in einer Fritteuse zubereiten, man kann aber auch einen Fonduetopf verwenden. Gemüsesorten wie Zucchini oder Auberginen, Champignons oder Zwiebeln werden roh ausgebacken; andere blanchiert man zuvor wie Broccoli, Möhren oder Spargel. Man kann sogar Kräuter in Teig ausbacken – sehr delikat sind frische Salbeiblätter. Dieser Teig ist mit Wein verfeinert, der durch Mineralwasser ersetzt werden kann.

Zutaten: 500 g Gemüse • 100 g Mehl • Salz • etwas abgeriebene Zitronenschale • 2 EL Öl • $1/4$ l trockener Weißwein • 2 Eiweiß • Fett zum Frittieren

■ Für den Ausbackteig Mehl, Salz, Zitronenabrieb, 2 EL Öl und den Weißwein gründlich verquirlen. Das Eiweiß steif schlagen und unterheben.

■ Gemüse waschen, putzen, in mundgerechte Stücke zerteilen, bei Bedarf kurz blanchieren und auf Küchenkrepp abtropfen lassen. Die Gemüsestücke durch den Teig ziehen und im heißen Fett goldgelb und knusprig backen.

Serviertipp: Als Dips bieten sich besonders eine Knoblauchcreme (S. 120) und Saucen auf Joghurt-Basis an.

Gemüseröllchen

Zutaten (für 10 Röllchen)**:** Filoteig (20 Blätter) • 300 g Kartoffeln • 1 kleine Zwiebel • 2 Knoblauchzehen • 1 rote Paprikaschote • 1 mittelgroßer Zucchino • 2 Tomaten • 2 EL Olivenöl • Salz • Pfeffer • frische gemischte Kräuter • 1 Eigelb • 1 EL Milch

■ Kartoffeln in der Schale fast gar kochen, abkühlen lassen, pellen und würfeln. Zwiebel und Knoblauch schälen und fein würfeln. Paprika, Zucchino und Tomaten waschen, putzen und in kleine Würfel schneiden.

■ Öl in einer Pfanne erhitzen, Zwiebeln darin andünsten. Erst Paprika-, etwas später dann Zucchiniwürfel in die Pfanne geben und einige Minuten dünsten. Dann Kartoffelstücke und Knoblauch hinzufügen und am Schluss die Tomaten. Das Gemüse sollte nur so lange gedünstet werden, dass es noch etwas Biss hat. Zum Schluss alles mit Salz und Pfeffer kräftig abschmecken und frische, gehackte Kräuter darüberstreuen.

■ Die Filoblätter mit jeweils einer Portion Gemüse füllen und aufwickeln (siehe S. 266). Eigelb und Milch verquirlen, auf die Rollen streichen, und diese dann etwa 30 Minuten bei 180 °C backen.

Auberginenröllchen

Diese Auberginenröllchen sind ganz besonders köstlich, allerdings auch recht zeitintensiv in der Vorbereitung. Die Auberginenscheiben werden zunächst in Salzwasser gewässert, um die enthaltenen Bitterstoffe zu entziehen.

Zutaten (für ca. 12 Stück): 2 lange schmale Auberginen (à 250 g) • Salz • Öl zum Braten • 1 Bund glatte Petersilie • 1 EL Harissa • 1 EL Tomatenmark • 3 EL Zitronensaft • 4 EL Olivenöl • 200 g Schafskäse

▬ Die Auberginen waschen, putzen und längs in sehr dünne Scheiben schneiden. In Salzwasser legen und 30 Minuten ziehen lassen. Wasser abgießen und Auberginen trockentupfen.

▬ Öl erhitzen, Auberginenscheiben von beiden Seiten braten. Auf Küchenpapier abtropfen und auskühlen lassen.

▬ Petersilie waschen und fein hacken. Harissa, Tomatenmark, Petersilie, Zitronensaft und Olivenöl verrühren und salzen. Auberginenscheiben mit der Mischung bestreichen.

▬ Schafskäse in dünne Streifen schneiden, auf die Auberginenscheiben geben und diese zu Röllchen aufwickeln.

Gemüse-Taler

Zutaten (für 25 Stück)**:** 200 g Kartoffeln • 200 g Möhren • 200 g Zucchini • 1 Zwiebel • 3 Scheiben Toast • 1 Ei • 1 TL Paprika edelsüß • Salz • Pfeffer • 1 EL Mehl • 4 EL Paniermehl • Fett zum Ausbacken
Für den Dip: 250 g Magerquark • 6 EL Schlagsahne • frische Gartenkräuter (z.B. Schnittlauch, Petersilie, Kresse, Dill) • Salz • Pfeffer • Paprikapulver

■ Kartoffeln und Möhren schälen und raspeln. Die Zucchini waschen und fein hacken.

■ Zwiebel schälen und fein würfeln. Den Toast in kleine Stücke schneiden. Das Gemüse mit den Brotstückchen und dem Ei vermengen, mit Paprika, Salz und Pfeffer kräftig würzen. Mit Mehl binden.

■ Aus der Masse mit den Händen kleine Taler formen, in Paniermehl wälzen und in der Pfanne in heißem Fett goldbraun backen.

■ Für den Dip Quark und Sahne verrühren. Die frischen Kräuter waschen, trockentupfen, fein hacken und unter den Quark rühren. Mit Salz, Pfeffer und Paprikapulver abschmecken.

Gefüllte Champignons

Zutaten (für 12 Stück): 12 mittelgroße Champignons • 1 kleine Zwiebel • 50 g Schinkenspeck • 1 TL Olivenöl • 2 EL trockener Sherry • Salz • Pfeffer • 2 EL gehackte Petersilie • 4 EL Crème fraîche • 2 Scheiben Gouda

▬ Champignons putzen, Stiele herausdrehen und diese fein hacken. Zwiebel schälen und fein würfeln; Schinkenspeck in kleine Stücke schneiden.

▬ Olivenöl in einer Pfanne erhitzen, Speck und Zwiebeln darin anschwitzen, Champignonwürfel hinzugeben. Sherry darübergießen und alles bei mittlerer Hitze so lange köcheln lassen, bis die Flüssigkeit vollständig verdampft ist.

▬ Salzen und pfeffern, Petersilie und Crème fraîche unterrühren. Die Pilze in eine Auflaufform setzen und mit der Masse füllen.

▬ Die Goudascheiben in kleine Stücke schneiden und die Pilze damit bedecken. Die Champignons im vorgeheizten Ofen bei 200 °C auf der mittleren Schiene etwa 15–20 Minuten backen.

Zucchini mit Frischkäse

Zutaten (für etwa 12 Stück)**:** 2 mittelgroße Zucchini (à 200 g) • Butter zum Braten • 1/2 Bund Basilikum • 1/2 Bund Petersilie • 150 g Frischkäse • Salz • Pfeffer • 1 Zitrone

■ Zucchini waschen, trockentupfen und – zum Beispiel mit einem Käsehobel – längs in sehr dünne Scheiben schneiden.

■ Butter in einer Pfanne bei mittlerer Hitze auslassen und die Zucchinischeiben darin von beiden Seiten goldgelb braten. Auf Küchenpapier legen.

■ Die Kräuter waschen und hacken. Frischkäse mit Salz, Pfeffer und einem Spritzer Zitronensaft verrühren, Kräuter untermischen.

■ Die Zucchinischeiben mit jeweils etwas Kräuterkäse bestreichen und aufrollen.

Alternative: Die Käsecreme auf die rohen Zucchinischeiben streichen, diese dann aufrollen, dicht nebeneinander in eine Auflaufform setzen und im Backofen überbacken. Wer sich das Kräuterhacken sparen will, kann auch einen fertigen Kräuter-Frischkäse verwenden.

Reibekuchen

Zutaten: 1 kg Kartoffeln • 1 große Zwiebel • 1–2 Eier
• 1 EL Paniermehl • Salz • Pfeffer • Öl zum Braten

▬ Die Kartoffeln schälen und mit der groben Seite der Küchenreibe in eine Schüssel reiben. Sollten sie sehr viel Wasser ziehen, empfiehlt es sich, die geriebenen Kartoffeln in ein sauberes Küchenhandtuch zu geben und das Wasser herauszudrücken.

▬ Die Zwiebel schälen und ebenfalls reiben. Ei und Paniermehl untermengen, mit Salz und Pfeffer würzen.

▬ Das Öl in einer Pfanne erhitzen, den Teig esslöffelweise hineingeben und die Kartoffelpuffer von beiden Seiten goldbraun backen. Auf Küchenpapier abtropfen lassen.

Serviertipp: Reibekuchen können mit unterschiedlichsten Beigaben angeboten werden: Von Räucherlachsstreifen, echtem oder falschem Kaviar über gekochte Eier, Tomaten oder Merrettich bis hin zu Früchten wie Preiselbeeren oder Apfelmus. Und natürlich passen auch verschiedenste Dips und Saucen. Stellt man diese in extra Schälchen zum Beispiel aufs Partybüffet, so kann sich jeder seine Lieblingsvariante zusammenstellen.

Vegetarisches Sushi

Zutaten (für 12 Stück): 250 g Sushireis • 3 TL Salz •
3 TL Zucker • 4 EL Reisessig • 1 kleines Stück Gurke oder
Paprika • 2 geröstete Noriblätter • 10 g Wasabipaste • Bambusmatte zum Rollen

■ Reis 10 Minuten in viel Wasser einweichen, dann so
lange abspülen, bis das Wasser klar bleibt. Abtropfen lassen.

■ 300 ml Wasser aufkochen, den Reis darin 2 Minuten
kochen, dann bei kleiner Hitze ausquellen lassen.

■ Salz und Zucker in Essig auflösen und den Sud unter
den abgekühlten Reis mischen.

■ Das Gemüse in schmale kleine Stifte schneiden. Ein
Noriblatt auf die Bambusmatte legen und eine dünne Reisschicht auftragen. Am oberen Rand etwa 1 cm frei lassen.
Etwas Wasabipaste dünn aufstreichen, das Gemüse in
einem schmalen Streifen mittig auflegen.

■ Nun das Noriblatt mithilfe der Bambusmatte von unten her zu einer festen Rolle aufwickeln. Diese anschließend
in etwa 3 cm breite Stücke schneiden. Mit dem anderen
Noriblatt genauso verfahren.

Kuku

Kuku heißen köstliche persische Eierkuchen mit Kräutern. Traditionell kommen Berberitzen hinein, die säuerlichen Beeren des Sauerdorns. Alternativ eignen sich auch Cranberries. Kuku kann man sehr gut am Vortag zubereiten, sodass die Kräuter Zeit haben, ihr volles Aroma zu entfalten.

Ganz gleich, welche Kräuter man verwendet: Minze sollte nicht fehlen! Die Eier dienen vor allem zum Binden der Kräuter – ihre Anzahl kann je nach ihrer Größe und der tatsächlichen Kräutermenge variieren.

Zutaten (für ca. 20 Stück): 3 Frühlingszwiebeln • ca. 150 g frische Kräuter (z.B. Petersilie, Minze, Schnittlauch, Dill, Koriander) • 100 g Blattspinat • 5 Eier • 2 EL Mehl • Salz • Pfeffer • 10 Walnusskernhälften • 1 EL Berberitzen oder Cranberries • Butterschmalz

▬ Frühlingszwiebeln und Kräuter waschen und fein hacken. Spinat waschen und blanchieren, alternativ Tiefkühl-Spinat auftauen. Spinat ausdrücken und fein schneiden.

▬ Eier, Mehl, Salz und Pfeffer miteinander verschlagen und mit den Kräutern vermischen. Bei Bedarf ein weiteres Ei hinzugeben.

■   Nüsse hacken, Cranberries klein schneiden und beides unter die Kräutermasse heben.

■   Butterschmalz in einer Pfanne erhitzen und zwei bis drei Kräuterkuchen backen. Bei mittlerer Hitze jeden Pfannkuchen mindestens fünf Minuten von jeder Seite backen. Die fertigen Kuchen halbieren, in 5 cm breite Streifen schneiden, aufrollen und auf Spieße stecken.

Spinat-Tortilla

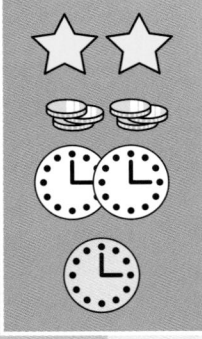

Spanische Omeletts können wunderbar als Fingerfood serviert werden, vor allem, wenn sie kalt sind. Dazu passt ausgezeichnet eine Knoblauchmajonäse (S. 120).

Zutaten (ca. 35 Portionen): 200 g TK-Blattspinat • 100 g Kartoffeln • 1 große Knoblauchzehe • 4 Frühlingszwiebeln • Öl • 5 große Eier • 125 g saure Sahne • 175 g frisch geriebener Gouda • Schnittlauch • Salz • Pfeffer • Muskat

▬ Spinat auftauen. Kartoffeln schälen und in kleine Würfel schneiden. Knoblauch und Frühlingszwiebeln klein hacken und in etwas Olivenöl ca. 10 Minuten dünsten. Kartoffelwürfel und Blattspinat untermischen und abkühlen lassen.

▬ Eier mit saurer Sahne und Käse verquirlen, Schnittlauch hacken und mit dem abgekühlten Gemüse untermischen. Mit Salz, Pfeffer und Muskat würzen.

▬ Eine Auflaufform (ca. 18 x 25 cm) mit Alufolie auslegen und mit Olivenöl einfetten. Die Eiermischung in die Form geben und im vorgeheizten Backofen bei 190 °C auf der mittleren Schiene 30 bis 40 Minuten goldbraun backen. Anschließend stürzen und in kleine Stücke schneiden.

Teig-Variationen

Aus dem Ofen

Kleine Köstlichkeiten aus dem Backofen kommen beim Fingerfood ganz groß raus, vereinen sie doch gleich mehrere Vorteile: Zunächst mal sehen die kleinen Verwandten von Pizza, Teigtasche oder Tarte als Miniaturausgaben einfach niedlich aus und machen so schon Appetit. In Teig Gebackenes bietet sich besonders an, wenn man Gäste erwartet, denen man warmes Fingerfood anbieten möchte. Denn: Die kleinen Teighappen lassen sich meist sehr gut vorbereiten.

So kann ein Blech mit Mini-Pizzen oder -Pasteten schon im Ofen stehen. Dieser muss beim Eintreffen der Gäste nur noch eingeschaltet werden. Außerdem bleiben Speisen, die mit Teig umhüllt sind, länger warm, da die Wärme im Teig mit eingeschlossen ist.

Dieses Kapitel zeigt eine Auswahl an Gerichten, die mit unterschiedlichen Teigarten zubereitet werden. Für einige können die Teigteilchen auf Vorrat hergestellt werden – wie aus Blätterteig – am Tage des Verzehrs erhalten sie dann eine frische Füllung. Andere kommen fix und fertig aus dem Ofen – wie Hefegebäck. Den Rezepten vorangestellt sind Grundrezepte für die Teigsorten bzw. praktische Informationen und Tipps zur Verarbeitung.

Hefeteig

Dieser Hefeteig lässt sich kinderleicht zubereiten. Während er ruht, bzw. geht, kann man den Belag vorbereiten. Hefegebäck sollte man immer frisch backen, den Teig kann man aber problemlos schon am Tag zuvor herstellen und abgedeckt im Kühlschrank aufbewahren. Das folgende Grundrezept reicht für ein Backblech. Reste lassen sich zu Grissini oder anderen Knabbereien verarbeiten.

Zutaten: 350 g Mehl • 1 Pckg. Trockenhefe • je 1 Prise Salz und Zucker • 140 ml warmes Wasser • 1 EL Olivenöl

▬ Mehl, Hefe, Salz und Zucker vermischen, Wasser und Öl hinzugeben und alles mit den Knethaken des Handrührgeräts gut durchmischen. Den Teig abgedeckt an einem warmen Ort 30 Minuten gehen lassen.

▬ Anschließend den Teig auf einer bemehlten Arbeitsfläche gründlich durchkneten. Bei Bedarf noch weiteres Mehl zugeben – der Teig darf nicht kleben. Den Teig noch einmal abgedeckt mindestens eine Stunde gehen lassen.

▬ Je heißer dieser Teig gebacken wird, desto besser. Kann der Ofen bis 300 °C geheizt werden, benötigt Pizza nur 8 bis 10 Minuten, bei 250 °C je nach Ofen etwa 15 Minuten.

Ricotta-Rucola-Pizza

Mini-Pizzen mit Ricotta, dem lockeren italienischen Frischkäse, und frischem Rucola sehen nicht nur besonders attraktiv aus, sondern sind auch ein ganz besonderer Genuss. Sie
passen hervorragend aufs mediterrane, beziehungsweise
sommerliche Büffet.

Zutaten (für etwa 35 Stück): Hefeteig • 1 Packung pas-
sierte Tomaten (250 ml) • Salz • Pfeffer • 1 TL getrockneter
Majoran • 250 g Ricotta • 1 EL Sahne • Salz • Pfeffer •
1/2 Bund Basilikum • 100 g Rucola

Hefeteig nach dem Grundrezept herstellen, ausrollen
und kleine runde Böden mit einem Durchmesser von 6 bis
8 cm ausstechen (z.B. mit einem Glas).

Die Tomaten in eine Schüssel geben und mit Salz, Peffer und Majoran würzen.

Ricotta-Käse und Sahne verrühren und großzügig mit
Salz und Pfeffer abschmecken. Basilikum waschen, trockenschleudern, fein hacken und unter die Käsecreme mischen.

Die Pizzaböden auf ein mit Backpapier ausgelegtes
Backblech legen und jeweils dünn mit etwas Tomatenpüree

bestreichen. Darauf mit einem Esslöffel je einen Klecks Ricottacreme geben und etwas verteilen.

■ Pizzen im vorgeheizten Backofen bei 250 °C etwa 15 Minuten backen – der Boden sollte schön kross sein.

■ In der Zwischenzeit Rucola waschen, trockenschleudern und harte Stiele abknipsen. Rucola in grobe Stücke zerpflücken. Die Blätter auf den fertigen Pizzen verteilen.

Pizzastrudel de Lucia

Besonders gut aus der Hand essen lässt sich Pizza, die wie ein Strudel eingeschlagen ist. Die unterschiedlichsten Füllungen sind möglich, ob mit Thunfisch, Meeresfrüchten oder wie hier mit Gemüse und Schinken zubereitet.

Zutaten (für ca. 12 Stück): Hefeteig • 150 g tiefgekühlte Erbsen • 50 g frische Champignons • 1 mittelgroße Zwiebel • 100 g gekochter Schinken • Olivenöl • 1 kleine Dose passierte Tomaten • Salz • Pfeffer • 1 EL getrocknete italienische Kräuter • 50 g geriebener Käse

▬ Hefeteig nach dem Grundrezept herstellen und zu einem Rechteck (ca. 20 x 50 cm) ausrollen.

▬ Erbsen auftauen. Pilze putzen und würfeln. Zwiebel fein würfeln, Schinken in kleine Stücke schneiden und beides in etwas Olivenöl andünsten. Pilze, Erbsen, Tomaten und Gewürze zugeben und etwa 2 Minuten köcheln lassen.

▬ Die Gemüsemischung auf dem Pizzateig verteilen. Den Teig zu einer Rolle wickeln. Diese in ca. 4 cm breite Stücke schneiden. Die einzelnen Stücke mit etwas Olivenöl bepinseln und mit Käse bestreuen. Im vorgeheizten Backofen bei 250 °C etwa 20 Minuten goldbraun backen.

Rosmarin-Mini-Focaccia

Focaccia heißt das Fladenbrot, das als Vorläufer der Pizza gelten kann und vor allem in der Toscana seit Jahrhunderten beliebt ist. Die Fladen gibt es in unterschiedlichen Varianten – manchmal auch gefüllt. Als Klassiker gilt Focaccia mit frischem Rosmarin. Schlicht und einfach schmeckt es zu verschiedenen Dips oder Aufstrichen wie Oliventapenade und Tomatensalsa oder auch pur.

Zutaten: Hefeteig • 2 EL frische Rosmarinnadeln • 1 TL grobes Meersalz • 5 EL Olivenöl

■ Hefeteig nach dem Grundrezept herstellen und zu kleinen, etwa 0,5 cm dicken Kreisen auswalzen.

■ Die Teigstücke auf ein mit Backpapier ausgelegtes Blech legen und dann noch einmal 20 Minuten abgedeckt gehen lassen.

■ Mit den Fingern kleine Dellen in die Teigstücke drücken. Rosmarinnadeln grob hacken, erst mit Meersalz und dann mit dem Olivenöl vermischen.

■ Die Teigstücke mit der Ölmischung bestreichen. Die Fladen bei 250 °C 10 bis 15 Minuten goldgelb backen.

Laugengebäck

Laugengebäck erhält seine goldbraune Farbe durch ein Bad in Natronlauge – Hausnatron erhält man entweder im Supermarkt bei den Backzutaten oder in der Apotheke.

Zutaten (für ca. 20 Gebäckstücke): 500 g Mehl • 2 Päckchen Trockenhefe • 1/2 TL Zucker • 1/2 TL Salz • 250 ml Wasser • 50 g weiche Butter • 2 EL Hausnatron • grobes Meersalz • geriebenen Käse zum Bestreuen

■ Für den Hefeteig Mehl mit Hefe, Zucker und Salz vermischen, Wasser und Butter in Flöckchen zugeben. Mit den Knethaken des Mixers gut durchkneten.

■ Teig so lange gehen lassen, bis er sein Volumen deutlich vergrößert hat. Dann auf einer bemehlten Arbeitsplatte noch einmal gut durchkneten und in 20 Portionen teilen.

■ Die Hefestücke zu kleinen Stangen, Brezeln oder Brötchen formen.

■ 1 l Wasser in einem hohen Topf aufkochen. Dann den Topf von der Kochstelle nehmen und das Natronpulver langsam und vorsichtig einrühren, da die Lauge sehr stark sprudelt.

▬   Die Teigstücke nun mit Hilfe einer Schöpfkelle für jeweils etwa 20 Sekunden in die heiße Lauge tauchen. Anschließend gut abtropfen lassen und auf ein mit Backpapier ausgelegtes Backblech legen.

▬   Die Teigstücke nach Belieben einschneiden und mit grobem Meersalz oder geriebenem Käse bestreuen.

▬   Das Gebäck im vorgeheizten Backofen bei 200 °C etwa 15 bis 20 Minuten backen, anschließend auf einem Kuchengitter abkühlen lassen.

Blinis

Aus Osteuropa stammen Blinis oder Plinsen, lockere Hefepfannkuchen, die man meist herzhaft – mit saurer Sahne, Lachs oder Kaviar serviert. Doch auch süß schmecken sie köstlich. In Russland bereitet man den Teig mit einem Teil Buchweizenmehl zu, das lässt die Blinis deutlich herber schmecken.

Zutaten (für ca. 24 Stück): 250 g Weizenmehl • 1 Päckchen Trockenhefe • 1 TL Salz • 3 Eier • $1/8$ l lauwarmes Wasser • $1/4$ l Buttermilch • 1 EL Zucker • Öl zum Backen

▬ Mehl mit Hefe und Salz mischen. Eier trennen. Lauwarmes Wasser mit Buttermilch, Eigelb und Zucker verquirlen. Langsam unter die Mehlmischung rühren, bis der Teig eine sämige Konsistenz hat. Den Teig etwa 30 Minuten an einem warmen Ort gehen lassen.

▬ Eiweiß mit einer Prise Salz steif schlagen und kurz vor dem Backen der Blinis unter den Teig heben.

▬ Öl in einer Pfanne erhitzen, den Teig esslöffelweise hineingeben und goldgelb ausbacken. Fertige Blinis im Backofen bei 50 °C warm halten.

Mürbeteig

Für Quiches, Tartes oder pikantes Käsegebäck empfiehlt sich ein mit Butter zubereiteter Mürbeteig. Das A & O für das Gelingen sind gut gekühlte Zutaten und ausreichend Zeit, um den Teig zwischendurch ruhen zu lassen.

Zutaten: 250 g Mehl • 1/2 TL Salz • 130 g kalte Butter • 1 Ei • 3 EL Milch • Butter für die Form • Mehl zum Ausrollen

▬　Mehl und Salz mischen. Die Butter in kleinen Flöckchen zugeben und per Hand mit dem Mehl verbinden.

▬　Ei und Milch zufügen und alles zügig zu einem glatten Teig verkneten. Den Teig zu einer Kugel formen und in Frischhaltefolie gewickelt mindestens 30 Minuten in den Kühlschrank legen.

▬　Teig auf einer bemehlten Arbeitsfläche ausrollen und passend zur verwendeten Form zuschneiden oder ausstechen. Dabei bei Bedarf ausreichend Teig für den Rand übrig lassen.

▬　Vor dem Backen müssen Backform oder Blech gut mit Butter oder Margarine eingefettet werden.

Speck-Quiche

Diese französischen Speckkuchen kann man warm und kalt servieren. Sollen sie kalt angeboten werden, kann man sie schon am Vortag backen. Für ein Fingerfood-Büffet backt man die Quiches entweder in kleinen Tarte- oder Tortelette-förmchen oder schneidet eine große Tarte in kleine Stücke.

Zutaten (für 1 große Tarte): Mürbeteig • 150 g durch-
wachsener Speck • 1 EL Butter • 3 Eier • 200 g Crème fraîche • Salz • Pfeffer • Muskatnuss

■ Mürbeteig nach Grundrezept herstellen, zu einer Kugel formen und 30 Minuten kaltstellen.

■ Den Speck würfeln und in Butter in einer Pfanne kross anbraten; aus der Pfanne nehmen. Das Bratfett zum Ein-fetten der Formen nutzen.

■ Teig ausrollen, die Förmchen damit inklusive Rand auskleiden. Speckwürfel auf die Förmchen verteilen.

■ Eier und Crème fraîche verschlagen, mit Salz, Pfeffer und frisch geriebener Muskatnuss würzen. Sauce über den Speck geben. Die Quiche im vorgeheizten Ofen bei 200 °C auf der mittleren Schiene ca. 30 bis 40 Minuten backen.

Käseplätzchen

Als kleine, feine Knabberei sind diese pikanten Plätzchen eine tolle Alternative zu Salzstangen und Co. Sie passen zu Bier und Wein und lassen sich vielfältig variieren – ob mit Kräutern, Käse, Nüssen, Gewürzen oder Kernen. Grundlage ist ein Mürbeteig, der mit Käse angereichert wird.

Zutaten (für 24 Stück): 100 g Emmentaler • 30 g Parmesan • 150 g Mehl • 1 Prise Salz • schwarzer Pfeffer • 1 Ei • 130 g kalte Butter • Mehl zum Ausrollen • 1 Eigelb • 2 EL Milch • Kümmel • italienische Kräuter • Paprikapulver • Sesam- oder Mohnsaat

▬ Den Käse fein reiben, mit Mehl, etwas Salz und Pfeffer mischen. Das Ei und die kalte, in Flöckchen geschnittene Butter über das Mehl geben und rasch mit kalten Händen oder den Mixer-Knethaken vermengen. Daraus eine Teigkugel formen und in Klarsichtfolie 30 Minuten kühlen.

▬ Den Teig teilen und jede Hälfte auf einer leicht bemehlten Fläche zu einer Rolle (etwa 4 cm Durchmesser) formen. Davon etwa 1 cm dicke Scheiben abschneiden.

▬ Eigelb und Milch verrühren und die Plätzchen damit bestreichen. Einen Teil der Plätzchen mit Kümmel, andere mit Kräutern, Paprikapulver, Sesam oder Mohn bestreuen. Plätzchen auf ein mit Backpapier ausgelegtes Backblech setzen und bei 200 °C 10 bis 15 Minuten backen.

Tipp: In einer Blechdose an einem kühlen Ort aufbewahrt, halten sich die Plätzchen etwa zwei Wochen frisch.

Brandteig

Luftig zarte Windbeutel aus Brandteig lassen sich mit unterschiedlichsten Füllungen immer wieder variieren. Das Besondere bei diesem Teig ist, dass ein Teil der Zutaten vor dem Backen gekocht wird. Das Rezept ist für ungesüßte Windbeutel, die herzhaft gefüllt werden. Für süße Füllungen fügt man dem Brandteig noch ein Päckchen Vanillezucker hinzu.

Zutaten (für etwa 25 Stück): 50 ml Wasser • 1 Prise Salz • 65 g Butter • 150 g Mehl • 4–5 Eier

▬   Das Wasser salzen und bei geschlossenem Topfdeckel aufkochen. Auf mittlere Hitze zurückschalten, die Butter in Stückchen zufügen und schmelzen lassen.

▬   Nun das Mehl auf einmal in das Wasser geben und so lange rühren, bis sich der Teig vom Topfboden löst und zu einem Klumpen formt. Den Teigkloß noch etwa 2 Minuten auf allen Seiten „abbrennen".

▬   Den Teig von der Herdplatte nehmen und nach und nach die Eier jeweils gründlich unterrühren. Die Konsistenz ist perfekt, wenn der Teig glänzt und feste Spitzen bildet. Den Teig dann 30 Minuten ruhen lassen.

■ Ein Backblech buttern und mit Mehl bestäuben. Die Teigmasse in einen Spritzbeutel mit Sterntülle füllen und etwa pflaumengroße Rosetten auf das Blech spritzen. Bei 200 °C etwa 20 Minuten backen.

Tomatencreme-Windbeutel

Windbeutel im Miniaturformat können ganz unterschiedlich gefüllt werden. Dazu eignen sich alle Formen von Gemüsecremes. Besonders dekorativ wirkt es, wenn Cremefüllungen mit einem Spritzbeutel in die kleinen Gebäckstücke gefüllt werden.

Zutaten (für etwa 25 Stück): Brandteig • 150 g Frischkäse • 100 g Crème fraîche • 1 EL Tomatenmark • 1 EL Cognac • Salz • Pfeffer • 1 Prise Zucker • Kresse

■ Brandteig nach Grundrezept zubereiten und ca. 25 kleine Windbeutel daraus backen. Nach dem Backen sofort aufschneiden und auf einem Kuchengitter erkalten lassen.

■ Für die Tomatencreme den Frischkäse mit Crème fraîche, Tomatenmark und Cognac verrühren. Mit Salz und Pfeffer sowie Zucker abschmecken.

■ Die Creme in einen Spritzbeutel mit großer Sterntülle füllen und in die Windbeutel spritzen. Als schnelle Alternative kann man die Creme auch mit einem kleinen Löffel in die Windbeutel füllen.

■ Mit kleinen Kressesträußchen garnieren.

Schinken-Windbeutel

Diese Windbeutelfüllung mit geräuchertem Schinken ist sehr pikant und lässt sich schnell und einfach zubereiten.

Zutaten (für etwa 25 Stück): Brandteig • 150 g Frischkäse • 100 g Crème fraîche • 100 g kräftig geräucherter Schinken (z.B. Schwarzwälder) • Pfeffer • Salz • 1/2 Bund Schnittlauch

▬ Brandteig nach Grundrezept zubereiten und ca. 25 kleine Windbeutel daraus backen. Nach dem Backen sofort aufschneiden und auf einem Kuchengitter erkalten lassen.

▬ Für die Schinkencreme Frischkäse mit Crème fraîche verrühren.

▬ Den Schinken in sehr kleine Würfelchen schneiden und unter die Käsecreme rühren. Pfeffern und bei Bedarf – je nach Salzgehalt des Schinkens – mit Salz abschmecken.

▬ Schnittlauch waschen, in feine Röllchen schneiden und unter die Käsecreme mischen.

▬ Die Windbeutel mit einem kleinen Löffel mit der Schinkencreme füllen.

Blätterteig

Tausend feine Blätter

Mille feuille – tausend Blätter – nennen die Franzosen den Blätterteig. Seine vielen feinen Schichten entfalten ihre ganze Pracht beim Backen, wenn der Teig sein Volumen vervielfacht und so zum Hingucker wird. Der Verwandlungskünstler eignet sich bestens für Fingerfood: Ob rund oder eckig, gerollt oder zu Schnecken gedreht, als Tarte-Boden oder als Pasteten-Form präsentiert er sich äußerst vielfältig.

Zudem harmoniert Blätterteig aufgrund seines dezenten Eigengeschmacks sehr gut mit verschiedensten sowohl süßen wie pikanten Füllungen.

Und nicht zuletzt ist Gebäck aus Blätterteig recht fix gemacht, denn man greift hier am besten zu fertigen, tiefgefrorenen Teigplatten. Selbst Sterneköche nehmen meist Fertigteig, da das Herstellen von Hand extrem aufwändig ist.

Die gefrorenen Teigplatten werden auf der Arbeitsfläche ausgelegt und tauen innerhalb weniger Minuten auf. Dann bepinselt man sie mit flüssiger Butter, legt zumeist zwei oder drei Teigplatten übereinander und walzt sie mit dem Nudelholz ein wenig aus.

Jetzt schneidet man die Platten in die gewünschte Form, hierzu kann man gut auch Ausstechförmchen für Plätzchen verwenden. Nun wird der Teig entsprechend dem jeweiligen Rezept weiterverarbeitet, also entweder gefüllt oder aber direkt gebacken.

Vor dem Backen bepinselt man die Gebäckstücke mit einer Eigelb-Milch-Mischung, denn nur so bekommen sie beim Backen eine schöne goldgelbe Farbe.

Pilzpasteten

Zutaten (für 12 Stück): 6 Platten TK-Blätterteig • 200 g frische Champignons • 3 Frühlingszwiebeln • 1 EL Butter • 2 EL Schmand • 1 EL Zitronensaft • Salz • Pfeffer • $\frac{1}{2}$ Bund Petersilie • 100 g geriebener Emmentaler • weiche Butter und Semmelbrösel für die Förmchen

■ Die Blätterteigplatten auf der Arbeitsplatte nebeneinander auftauen lassen.

■ Pilze und Frühlingszwiebeln putzen und in kleine Stücke bzw. feine Ringe schneiden. Butter in einer Pfanne erhitzen, Pilze und Zwiebeln darin dünsten, bis alle Flüssigkeit verdampft ist. Schmand unterrühren; mit Zitronensaft, Salz und Pfeffer abschmecken. Gewaschene Petersilie hacken und hinzufügen. Die Hälfte des Käses ebenfalls untermischen.

■ Jeweils 2 Blätterteigplatten übereinander legen und so ausrollen, dass vier Quadrate von etwa 6 bis 7 cm Kantenlänge daraus geschnitten werden können.

■ Muffinblech einfetten und mit Semmelbröseln ausstreuen. Teigstücke in die Vertiefungen drücken, Füllung daraufgeben und den restlichen Käse auf die Muffins streuen.

▬ Im vorgeheizten Backofen bei 180 °C 20–25 Minuten backen. Aus dem Ofen nehmen, 5 Minuten in der Form ruhen lassen, erst dann herausnehmen.

Mediterrane Tarte

Diese Torteletts mit italienischem Frischkäse ergeben handlich geviertelt insgesamt 24 Minitortenstücke. Diese werden in kleinen Torteletteförmchen gebacken. Alternativ kann auch eine große Tarte gebacken und dann in kleine Stücke geschnitten werden.

Zutaten (für 6 Torteletts): 6 Platten TK-Blätterteig • 250 g Ricotta • 100 g Crème fraîche • 1 Knoblauchzehe • 4 getrocknete Tomaten (eingelegt) • ca. 15 schwarze Oliven • 1 TL getrockneter Majoran • Salz • Pfeffer • Butter für die Form • 12 Kirschtomaten • 1 Eigelb • 2 EL Milch

▬ Die Blätterteigplatten auf der Arbeitsplatte nebeneinander auftauen lassen.

▬ Ricotta mit Crème fraîche verrühren. Knoblauch schälen, fein würfeln. Eingelegte Tomaten abtropfen und in sehr kleine Stücke schneiden. 6 Oliven in Ringe schneiden und beiseite legen, die restlichen Oliven fein hacken. Oliven- und Tomatenstücke, Knoblauch und Majoran unter den Frischkäse rühren, mit Salz und Peffer abschmecken.

▬ Jeweils 2 Blätterteigplatten übereinander legen und so ausrollen, dass 2 für die Torteletteförmchen passende Qua-

drate daraus geschnitten werden können. Die Förmchen mit
Butter ausfetten und mit Blätterteig auslegen.

▬   Käsefüllung auf die Böden geben. Kirschtomaten waschen, halbieren und jeweils vier Tomatenhälften und einige Olivenringe auf jedes Törtchen legen. Eigelb und Milch
verrühren und die Teigkanten damit einstreichen.

▬   Die Tartes im vorgeheizten Backofen bei 200 °C etwa
15 Minuten backen.

Blätterteigstangen

Knusprige Blätterteigstangen zum Knabbern sind ganz fix gemacht – sie schmecken zu Bier oder Wein und natürlich zu diversen köstlichen Dips. Geschmacklich gibt es viele Varianten, wie diese Beispiele zeigen: Butter und Salz, Paprika- oder Chiligewürz, geriebener Käse wie Emmentaler oder Parmesan, Sesam oder Mohn, Kräuter wie Rosmarin oder Majoran.

Für herzhafte Schinkenstangen schneidet man Schinkenscheiben in sehr dünne Streifen und dreht sie zusammen mit den Teigstreifen zu einer Kordel. Süße Stangen kann man mit Zucker und Zimt oder wahlweise auch mit gemahlenen Nüssen oder Mandeln bestreuen.

Zutaten (für 20 Stangen): 4 Scheiben TK-Blätterteig • 1 Eigelb • 2 EL Milch • Zutaten zum Würzen

■ Die Blätterteigplatten auftauen. Jede Scheibe längs in 10 dünne Streifen schneiden. Jeweils 2 Streifen zu kordelartigen Stangen verdrehen.

■ Eigelb mit Milch verquirlen. Die Stangen mit der Mischung einpinseln und nach Wunsch würzen. Auf Backpapier legen und bei 200 °C 8–10 Minuten backen.

Filoteig

Die orientalische Variante des Blätterteigs nennt sich in Griechenland Filoteig, in der Türkei heißt er Yufka. Auch die arabische Küche kennt diese Teigvariante, aus der besonders gern strudelartige Röllchen mit herzhafter oder triefend-süßer Füllung zubereitet werden. Der Teig an sich besteht zumeist nur aus Mehl, Salz, Wasser und Öl.

Man kauft ihn am besten bei türkischen, griechischen oder auch arabischen Lebensmittelhändlern. Der hauchdünne Teig ist meist in Form dünner, entweder rechteckiger, dreieckiger oder runder Blätter abgepackt.

■ Vor dem Backen bepinselt man die Teigblätter mit Öl oder flüssiger Butter und schichtet sie in der Regel in mehreren Lagen übereinander. Für gefüllte Röllchen sind zwei oder drei übereinander liegende Blätter ausreichend.

■ Sobald der Teig der schützenden Verpackung entnommen wird, trocknet er recht schnell aus und wird brüchig. Legt man ein feuchtes Handtuch auf, so bleibt der Teig geschmeidig.

■ Zum Füllen legt man zunächst die Teigblätter übereinander, gibt dann die Füllmasse so darauf, dass ein Rand frei bleibt, und wickelt die Blätter auf. Dabei kann man nach einer Umdrehung die Seitenteile nach innen einschlagen, sodass die Rolle komplett verschlossen ist.

▬ Die Ränder verklebt man schließlich am besten mit etwas Eiweiß. Bestreicht man den Filoteig mit verquirltem Eigelb, so nimmt er beim Backen eine goldgelbe Farbe an.

Filoteig mit Schafskäse

Für diese appetitlichen Päckchen benötigt man Filoteigplatten im Format von etwa 15 x 15 cm. Je nach Grundgröße der gekauften Platten kann man das Format jedoch auch abwandeln und beispielsweise auch Röllchen oder dreieckige Päckchen zubereiten.

Zutaten (für 10 Stück): 20 Filoteigplatten (à 15 x 15 cm)
• 300 g Schafskäse • 1 Msp. Cayennepfeffer • Salz •
1/2 Bund Petersilie • 2 Eier • 60 g flüssige Butter • 2 EL Milch • 2 EL Schwarzkümmel

▬ Schafskäse in eine Schüssel reiben. Cayennepfeffer und ein wenig Salz darübergeben. Petersilie waschen und hacken, mit einem Ei verquirlen und dann mit dem geriebenen Käse vermischen.

▬ Die Häfte der Teigplatten mit flüssiger Butter bestreichen und jeweils eine zweite Teigplatte darauflegen. In die Mitte jedes Teigstücks ein wenig Füllung geben und den Teig zu einem Päckchen zusammenfalten.

▬ Das Ei trennen, Eigelb mit Milch verrühren und die Teigpäckchen damit bestreichen. Mit Schwarzkümmel bestreuen und bei 220 °C goldbraun backen (15–20 Minuten).

Spinatröllchen

Zutaten (für 20 Stück)**:** 1 kg Blattspinat • 75 g Pinienkerne • 3 Zwiebeln • 2 Knoblauchzehen • etwa 80 g Butter
• 4 EL Sahne • je 1/2 TL gemahlenen Piment und Zimt • Salz
• Pfeffer • 20 Filoteig-Blätter (dreieckig) • 1 Eiweiß • 2 Eigelb • 2 EL Milch

▬ Spinat waschen, 3 Minuten blanchieren, abtropfen und
etwas abkühlen lassen. Gut ausdrücken und grob hacken.

▬ Pinienkerne in einer trockenen Pfanne leicht anrösten.

▬ Zwiebeln und Knoblauch schälen, fein würfeln und in
etwa 2 EL Butter bei mittlerer Hitze glasig dünsten. Spinat,
Pinienkerne und Sahne hinzugeben, mit Piment, Zimt, Salz
und Pfeffer würzen.

▬ Die restliche Butter zerlassen. Je ein Teigblatt mit etwas
flüssiger Butter bepinseln, am langen Ende etwas Füllung
auf den Teig geben und einrollen. Den Rand mit etwas Eiweiß bestreichen um die Rolle zuzukleben.

▬ Eigelb und Milch verquirlen und die Rollen damit bestreichen. Im vorgeheizten Ofen bei 220 °C schön goldbraun
backen (etwa 15 Minuten).

Frühlingsrollen

Zutaten (für 18 Stück): Teig: 150 g Mehl • 1 Prise Salz
Für die Füllung: 100 g Champignons • 1 Möhre • 4 Früh-
lingszwiebeln • 100 g Mungosprossen (aus dem Glas) •
1 cm Ingwerwurzel • ½ Chilischote • 1 EL Sesamöl • 2 EL
Sojasauce • 2 EL Sherry • Salz • Pfeffer • Zucker • 1 Eiweiß
• Frittierfett

■■■ Mehl, Salz und 100 ml Wasser zu einem geschmeidigen Teig verkneten und ruhen lassen.

■■■ Das Gemüse putzen, die Möhre in sehr feine Stifte, die
Frühlingszwiebeln in feine Ringe schneiden. Champignons
klein hacken. Mungosprossen abtropfen. Ingwer schälen
und fein hacken. Die Chilischote längs aufschneiden, Kerne
entfernen und die Schote fein hacken.

■■■ Sesamöl erhitzen, Gemüse, Ingwer und Chili anbraten.
Mit Sojasauce, Sherry, Salz, Pfeffer und Zucker abschmecken. Vom Herd nehmen und abkühlen lassen.

■■■ Den Teig auf einer bemehlten Arbeitsfläche sehr dünn
ausrollen und in 8–10 cm große Quadrate schneiden. Die
Ränder mit Eiweiß einstreichen und je 1 EL Gemüsefüllung
mittig auf die Teigstücke geben.

▬ Das untere Teigende jeweils über die Füllung legen, die Seiten nach innen einschlagen und ein Röllchen wickeln.

▬ Frittierfett auf 190 °C erhitzen und die Frühlingsrollen darin etwa 4 Minuten goldbraun backen.

Süße Versuchung

Süßes Fingerfood

Süße Köstlichkeiten, die von der Hand in den Mund wandern, geraten uns beinahe täglich in die Finger. Ein knuspriger Schokoriegel, frische Früchte oder kleine Kuchenteilchen: Solche und andere süße Schlemmereien versüßen unseren Alltag und krönen – mit Liebe selbst zubereitet – so manches festliche Mahl.

Auch auf einem Partybüffet darf eine süße Ecke nicht fehlen und beim süßen Fingerfood gilt einmal mehr: Das Auge isst mit. Sehr dekorativ und sehr schnell gemacht sind bunte Fruchtspieße. Besonders attraktiv, allerdings etwas aufwändiger in der Zubereitung: süße Sushiröllchen.

Süßes Gebäck aus Brandteig lässt sich gut vorbereiten und genauso wie Blätterteigteilchen immer wieder anders füllen. Auch gefüllte Teigtaschen oder Muffins im Miniformat bieten viele Variationsmöglichkeiten.

Schoko-Fruchtspieße

Früchte und Schokolade gehen hier eine unwiderstehliche Verbindung ein. Die Spieße lassen sich wunderbar in kleinen Trinkgläsern anrichten und mit verschiedensten Fruchtkombinationen bestücken – zum Beispiel exotisch mit Ananas, Kiwi und Mango.

Zutaten (für 8 Stück): 8 Holzspieße • Früchte nach Belieben, z.B. Erdbeeren • Mango • Melone • Aprikose • Pfirsich • Kiwi • 50 g dunkle Schokolade • 40 g Mandelstifte

▬ Holzspieße in kaltem Wasser mindestens 15 Minuten einweichen. Früchte waschen, abtropfen oder mit Küchenpapier abtupfen, in passende Stücke schneiden und auf die Spießchen stecken. Werden die Spieße nicht sofort gegessen, empfiehlt es sich beispielsweise Apfel-, Bananen- und Birnenstücke mit etwas Zitronenwasser vor dem Verfärben zu schützen.

▬ Die Schokolade in einer kleinen Metallschüssel im warmen Wasserbad schmelzen. Mandelstifte in einer trockenen Pfanne anrösten. Die flüssige Schokolade mit einem Teelöffel über die Fruchtspieße träufeln und Mandelstifte darüberstreuen.

Apfeltaschen

Zutaten (für 12 Stück): 170 g abgetropfter Quark • 50 g weiche Butter • 6 EL Öl • 4 EL Milch • 1 TL Zitronensaft • 100 g Zucker • 1 Pckg. Vanillezucker • 400 g Mehl • 1 Pckg. Backpulver • Für die Füllung: 500 g Äpfel • 2 EL Zitronensaft • 1 EL Zucker • 1/2 TL Zimt • 50 g gehackte Mandeln • 2 EL Rosinen • 1 Eigelb • 2 EL Milch

▬ Für den Teig Quark, Butter, Öl, Milch, Zitronensaft, Zucker und Vanillezucker mit dem Mixer glattrühren. Mehl und Backpulver mischen, über die Masse sieben und alles zu einem geschmeidigen Teig verarbeiten.

▬ Für die Füllung die Äpfel schälen, in kleine Würfel schneiden und in eine Schüssel geben. Mit Zitronensaft, Zucker, Zimt, Mandeln und Rosinen vermischen.

▬ Den Teig auf einer bemehlten Arbeitsplatte etwa 3 mm dick ausrollen und in etwa 12 mal 12 cm große Quadrate schneiden.

▬ In die Mitte jedes Teigstücks nun 2 EL von der Apfelmischung geben. Die Stücke dann diagonal zu Dreiecken zusammenklappen und die Ränder zusammendrücken. Die Taschen auf ein Backblech mit Backpapier legen.

▬ Eigelb mit Milch verrühren und die Apfeltaschen damit bepinseln. Im vorgeheizten Backofen bei 200 °C etwa 15 Minuten backen.

Schoko-Muffins

Muffins mit knackigen Nüssen und Schokoladenstückchen passen gut als süße Häppchen aufs Fingerfood-Büfett. Verwendet man ein normales Muffin-Blech, reicht der Teig für 12 Stück, mit Mini-Muffin-Formen lassen sich etwa 30 kleine Kuchen aus dem Teig herstellen.

Zutaten: 100 g dunkle Schokolade (70%) • 50 g gehackte Walnüsse • 50 g weiche Butter • 100 g Zucker • 1 Pckg. Vanillezucker • 1 Prise Salz • 200 g Schmand • 80 ml Milch • 2 Eier • 200 g Mehl • 2 geh. TL Backpulver • 2 EL Kakaopulver • 100 g Kuvertüre oder Schokoladenglasur

▬ Die Schokolade in kleine Stücke schneiden und mit den gehackten Walnüssen vermischen. Muffinblech mit Butter einfetten und leicht mit Mehl bestäuben.

▬ Butter mit Zucker, Vanillezucker und Salz cremig rühren. Schmand und Milch untermixen, dann die Eier nacheinander einrühren. Schokolade und Nüsse untermischen.

▬ Mehl mit Backpulver und Kakao mischen, über den Teig sieben und zügig unterrühren.

▬ Den Teig in die Muffinförmchen füllen und bei 180 °C

ca. 20 Minuten backen. Anschließend noch 5 Minuten in der Form lassen und erst dann herausnehmen.

▬ Die abgekühlten Muffins mit flüssiger Kuvertüre oder Glasur überziehen.

Tipp: Fürs Partybüffet kann man die Muffins nach dem Backen zusätzlich mit Whiskey verfeinern. Dazu in die noch warmen Gebäckstücke mit einem Holzspieß einige Löcher stechen und jeweils ein Löffelchen Whiskey darüber träufeln.

Windbeutel mit Himbeersahne

Windbeutel lassen sich immer wieder anders füllen – ob mit Pudding, Mousse, Kompott, Creme oder fruchtiger Sahne. Besonders frisch und delikat geraten sie, wenn man außerdem frische Früchte in der Creme verarbeitet oder die Windbeutel mit ihnen garniert. Man kann das luftige Gebäck gut auf Vorrat backen und problemlos einfrieren – aufgeschnitten und ungefüllt oder auch bereits gefüllt.

Zutaten (für etwa 25 Stück): Brandteig (S. 252) • 1 Pckg. Vanillezucker

Für die Füllung: 250 g Himbeeren • 1 Spritzer Zitronensaft • 1 geh. TL Puderzucker • 200 ml Sahne • 1/2 Pckg. Vanillezucker • 1 Pckg. Sahnesteif

■ Brandteig nach dem Grundrezept unter Zugabe von 1 Päckchen Vanillezucker zubereiten und etwa 25 Mini-Windbeutel backen (20 Min., 225 °C). Die gebackenen Windbeutel sofort aufschneiden und abkühlen lassen.

■ Himbeeren verlesen, einige beiseite legen. Rest mit Zitronensaft und Puderzucker pürieren. Sahne steif schlagen, dabei Vanillezucker mit Sahnesteif vermischt zugeben. Pürierte Himbeeren unter die Sahne heben, die Windbeutel damit füllen und mit den restlichen Beeren garnieren.

Pasteten mit Mascarponecreme

Zutaten (für etwa 20 Stück): 6 Scheiben Blätterteig • 2 EL flüssige Butter • 1 Eigelb • 1 EL Milch
Für die Füllung: 250 g Mascarpone • 1 TL Honig • 2 El Milch • 1 Msp. Zimt • 1 EL Puderzucker • 150 g Johannisbeeren • 50 g Mandelblättchen

▬ Den Blätterteig auftauen. Jeweils drei Scheiben übereinanderlegen, dabei die beiden unteren mit flüssiger Butter bestreichen. Die Stapel leicht ausrollen. Mit einem runden Ausstecher oder einem Schnapsglas aus jedem Stapel 10 Kreise ausstechen. Eigelb und Milch verrühren, die Pasteten damit bestreichen und auf der mittleren Schiene etwa 10 Minuten goldbraun backen.

▬ Für die Füllung Honig mit Milch verrühren, Zimt und Puderzucker vermischen und alles unter den Mascarpone rühren.

▬ Johannisbeeren waschen, abtropfen, von den Stielen zupfen und unter die Creme heben. Pasteten quer durchschneiden, auf die Unterhälfte je einen Löffel Creme geben. Zum Schluss die Mandeln in einer trockenen Pfanne rösten, über die Creme streuen und die Oberhälften der Pasteten aufsetzen.

Süße Sushi

Der Sushi-Küche abgeschaut sind diese kleinen süßen Pfannkuchen mit einer Milchreis-Fruchtfüllung.

Zutaten (für 12 Stück): Milchreis: 75 g Rundkornreis •
¹/₄ l Milch • 1 TL Zucker • 1 Msp. Zimt •
Pfannkuchen: 2 Eier • 100 g Mehl • 1 Prise Salz • 100 ml Milch • Öl •
Füllung: 4 EL Pflaumenmus • 1 Kiwi • 1 Pfirsich • Alufolie

▬ Für den Milchreis die Milch mit Zucker aufkochen, den Reis hineingeben und die Masse etwa 40 Minuten köcheln lassen. Der Reis sollte weich und die Flüssigkeit vollständig aufgesogen sein. Abkühlen lassen.

▬ Aus Eiern, Mehl Salz und Milch einen Teig anrühren und in heißem Öl zwei goldgelbe Pfannkuchen backen.

▬ Die Früchte schälen und in schmale Stifte schneiden.

▬ Die noch warmen Pfannkuchen mit Pflaumenmus bestreichen, den Milchreis dünn darauf verteilen. Mittig einen schmalen Streifen Fruchtstücke auflegen und die Pfannkuchen möglichst fest aufrollen. In Alufolie einwickeln und erkalten lassen. Anschließend in jeweils 6 Stücke schneiden.

Register der Rezepte

Sachregister

Bildquellen

Fotos: Medien Kommunikation, Unna, D

Bis auf: S. 20: William Park, S. 26: WMF, S. 24: Jabiru, S. 37: Natalya Korolevskaya, S. 38: Juriah Mosin, S.45: Tomasz Markowski, S. 46: Yanik Chauvin, S. 48: Institut del Cava, S. 54: Elena Loginovaalle

Fotografen: Raphael Pehle, Julien Pehle

Realisation: Medien Kommunikation, Unna, D

Redaktion: Yara Hackstein (Ltg.), Martina Handwerker, Beate Engelmann, Henning Mohr, Sylvia Jonas, Kirsten Heusgen, Natalie Maag

Herstellung: Mathias Hinkerode (Ltg.)

Cooking: Beate Engelmann, Roger Kimpel